ECRIRE

Mon atelier d'écriture au cycle d'approfondissement 3e année

Anne GARRIGUE
Professeur de français

Wilhiam VIGUIÉ
Instituteur (CM2)

AVANT-PROPOS

Pour s'exprimer, il faut avoir les moyens techniques de le faire : pas d'activité créative sans entraînement méthodologique.

Comme le rappelle M. Le Recteur Migeon dans son rapport **« La réussite à l'école »,** l'apprentissage de l'écriture, comme celui de la lecture, comporte trois phases :

1. Une phase de compréhension :

Comprendre les fonctions de *communication* de la langue écrite.

Comprendre son fonctionnement en tant que *système.*

2. Une phase de maîtrise et d'automatisation.

3. Une phase d'extension.

L'enseignant donne l'occasion à l'enfant d'adapter ce savoir-faire à des situations de plus en plus diversifiées. C'est l'apprentissage du *« savoir-tout-écrire ».*

Tels sont les objectifs de ce cahier : donner aux élèves des outils techniques et intellectuels pour mieux s'exprimer, aimer s'exprimer et jouer avec le langage écrit.

Dans chaque **séquence clairement finalisée,** à partir de textes littéraires dont la fonction de communication est toujours première, par un jeu de consignes et de règles de *transformation* et de *réécriture,* ils prennent conscience de la logique de la langue, de sa plasticité, de sa richesse mais aussi de ses contraintes.

Les auteurs.

CONSIGNES GÉNÉRALES

LES FUSÉES

Chaque exercice se termine par le dessin d'une fusée avec une lettre.

En cas de réussite, l'élève colorie **en rouge** la lettre de la fusée.

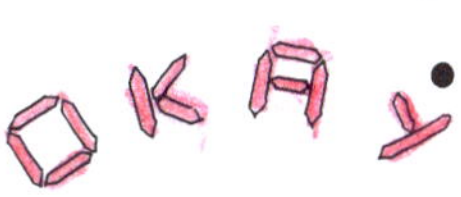

- Les 4 lettres des 4 fusées sont coloriées en rouge. Tu peux lire OKAY. La fusée est sur la lune.

- Les lettres des fusées ne sont pas toutes coloriées. Le lancement de la fusée a échoué : ne te décourage pas. Tu réussiras mieux la prochaine fois.

MEMENTO

1. Le point marque la fin d'une phrase.	J'ai rencontré Agnès qui allait à la piscine.
2. La virgule s'emploie :	
– pour séparer plusieurs sujets.	Antoine, Benoît et Isabelle travaillent.
– pour séparer plusieurs verbes.	Tu cours, tu cries, tu t'agites trop.
– pour séparer plusieurs compléments.	Nous avons visité Rome, Naples et Florence.
– pour détacher un complément.	A trois minutes de la fin, les deux équipes sont à égalité.
3. Les deux points annoncent :	
– une énumération.	Ils ont tout fouillé : la chambre, les placards, les tiroirs...
– une explication.	Ce triangle a trois côtés égaux : c'est un triangle isocèle.
– une citation.	La Fontaine a dit : « On a souvent besoin d'un plus petit que soi. »

1

Lis ce texte. Récris-le en rétablissant les points et les virgules. N'oublie pas les majuscules.

grand frère Félix et Poil de Carotte travaillent côte à côte chacun a sa pioche celle de grand frère Félix a été faite sur mesure chez le maréchal ferrant avec du fer Poil de Carotte a fait la sienne tout seul avec du bois ils jardinent abattent de la besogne et rivalisent d'ardeur

Grand frère Félix et Poil de Carotte travaillent côte à côte. Chacun a sa pioche. Celle de grand frère Félix a été faite sur mesure chez le maréchal ferrant avec du fer. Poil de Carotte a fait la sienne tout seul avec du bois. Ils jardinent, abatten de la besogne et rivalisent d'ardeur

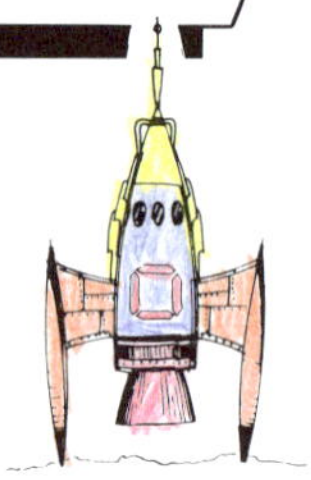

2

Lis le texte suivant. Complète-le en inscrivant dans les ☐ le signe de ponctuation qui convient.

Je fouille une haie [.] Rien [,] Manuel a disparu... Je fouille encore [.] Soudain [,] mon bâton dérange un serpent [,] une couleuvre. Avant qu'elle puisse s'enfuir [,] je frappe.

B. SOLET, *La Flûte tzigane*, Castor poche.

3

Même exercice.

Le révérend Père Limpinpin ne retrouva jamais le secret de sa poudre merveilleuse [.] C'était une poudre qu'il avait mise au point en temps de guerre. Au cours de ses travaux [,] il fit maintes découvertes utiles [:] il inventa la poudre de riz [,] la poudre à éternuer [,] la poudre aux yeux et la poudre insecticide [.] Il n'inventa pas la poudre d'escampette, car cela est une toute autre histoire !

Robert ESCARPIT, Les contes de la Saint-Glinglin, Editions Livre de Poche-Jeunesse.

4

A la manière de...
Observe bien la construction de ces phrases. Imite-les. Sois attentif à la ponctuation.

- Le lion ralentit, s'arrête, puis tourne le dos et s'en va d'un air plein de majesté.

Andrée CLAIR.

- Soudain, dans les fougères sèches, un bruissement furtif et rapide. Je m'arrête net.

M. GENEVOIX.

- A l'école, les enfants sont très excités : demain, c'est la fête de fin d'année.

- Chaque soir, à six heures, je sortais de l'école avec lui. Nous achetions en chemin de petites choses oubliées : de la colle de menuisier, des vis, un pot de peinture, une râpe à bois.

M. PAGNOL.

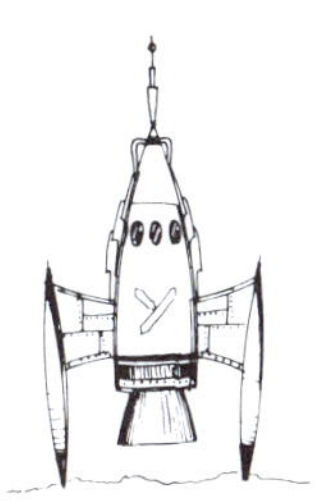

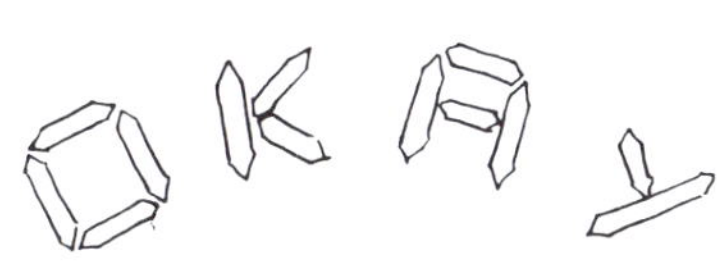

MEMENTO

1. Le point d'interrogation se met après une interrogation directe.	Que fais-tu ? Peux-tu m'aider ?
2. Le point d'exclamation se met après une exclamation.	C'est malin !
3. Les guillemets encadrent une citation ou un dialogue.	
4. Dans un dialogue, le tiret marque le changement d'interlocuteur.	Maman s'inquiéta : - Aurais-tu vu mon sac ? - Le voici !

1

Lis ce texte des yeux. Ponctue-le en inscrivant dans les □ le signe qui convient. Tu dois choisir entre :

— ? , .

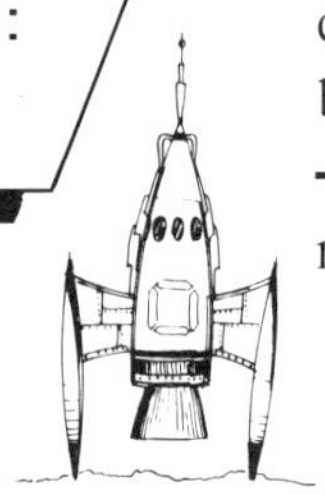

— C'est le loup.
□ Le loup □ dit Marinette □ alors on a peur □
— Bien sûr □ on a peur.
Tremblantes □ les petites se prirent par le cou, mêlant leurs cheveux blonds et leurs chuchotements □ Le loup dut convenir qu'il n'avait rien vu d'aussi joli depuis le temps qu'il courait par bois et par plaines. Il en fut tout attendri.
— Mais qu'est-ce que j'ai □ pensait-il □ voilà que je flageole sur mes pattes □

M. AYME, Les Contes du chat perché, Gallimard.

2

Même exercice, mais cette fois, tu dois choisir entre :

: – ? ! , .

D'une voix terrible, le directeur demande □
□ Qu'est-ce que c'est □
□ Monsieur, c'est le maître d'étude qui m'envoie vous dire que j'ai les mains sales, mais c'est pas vrai □
Et de nouveau □ consciencieusement □ Poil de Carotte montre ses mains en les retournant □ d'abord le dos, ensuite la paume. Il fait la preuve : d'abord la paume, ensuite le dos.
□ Ah □ c'est pas vrai □ dit le Directeur □ quatre jours de séquestre □ mon petit □
□ Monsieur □ dit Poil de Carotte □ le maître d'étude, il m'en veut !
□ Ah □ il t'en veut □ huit jours, mon petit □

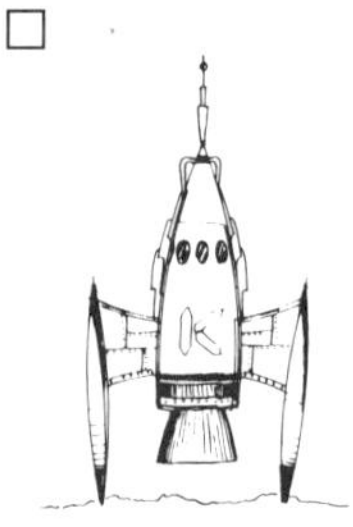

LA PONC

3

Même exercice.
Tu choisis entre :
« » ? ! .

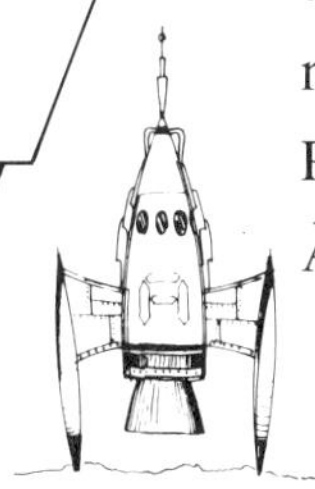

Les petits chemins m'attiraient sournoisement. □ Viens □ que t'importent quelques pas de plus □ Le premier tournant n'est pas loin □ Tu t'arrêteras devant l'aubépine. □ Ces appels me faisaient perdre la tête □ Une fois lancé sur ces sentes qui serpentent entre deux haies chargées d'oiseaux et de baies bleues, pouvais-je m'arrêter □

Plus j'allais et plus j'étais pris par la puissance du chemin □
À mesure que j'avançais, il devenait sauvage □

Henri BOSCO, L'Enfant et la rivière, Gallimard.

4

Lis ce texte des yeux.
Recopie-le en rétablissant la ponctuation.

si nous allions démonter le coucou de la lingerie pour voir comment il marche
cette proposition fut accueillie avec enthousiasme le coucou de la lingerie était prisonnier d'une très belle pendule toutes les demi-heures deux petits volets s'ouvraient le petit oiseau de bois sortait et criait coucou coucou autant de fois qu'il y avait d'heures écoulées

Cl. ROY, La Maison qui s'envole, Gallimard.

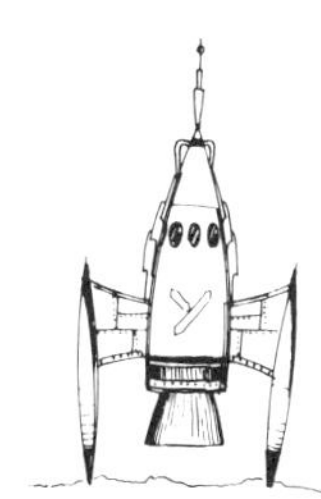

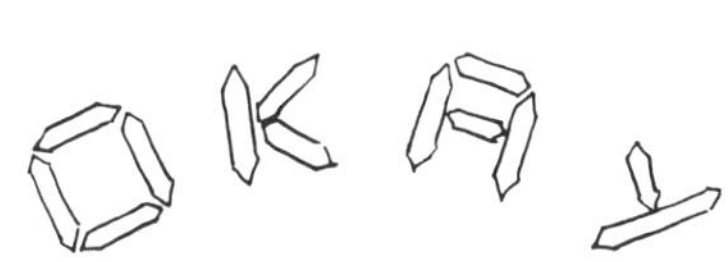

MEMENTO

Une phrase est un énoncé qui a un sens complet.
- Le bateau glisse hors du quai.
- Impossible de circuler !

1

Tu complètes avec les déterminants qui conviennent.

____ plus beau cerf-volant appartenait à ____ homme d'____ cinquantaine d'années, qui se tenait tout à fait ____ bout de ____ plage. C'était comme ____ grand papillon jaune et noir ____ ailes immenses. Quand il l'avait lancé, tout ____ monde s'était arrêté de bouger pour regarder ____ grand papillon jaune et noir.

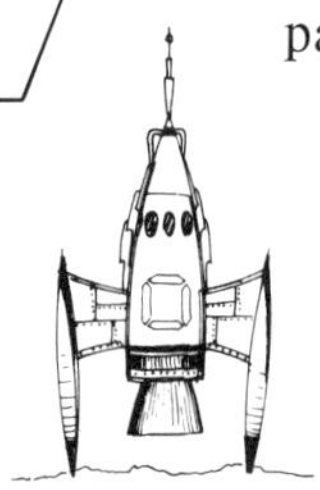

D'après LE CLEZIO, Mondo et autres histoires, Gallimard.

2

Le cerf poursuivi par les chiens

Tu complètes le texte avec un des compléments proposés.

- **un bond**
- **le chat**
- **du côté de la route**
- **un cerf**
- **taille**
- **ramure**
- **le fossé**
- **les genoux**
- **une chanson**
- **la ferme**
- **cour**

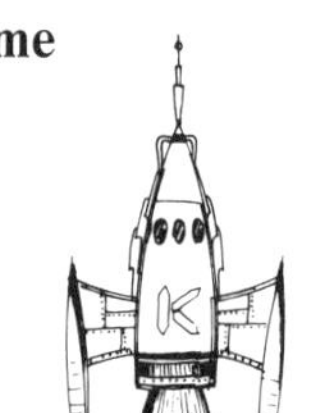

Delphine caressait ____ de la maison et Marinette chantait ____ à un poussin jaune qu'elle tenait sur ____.
— Tiens, dit le poussin en regardant ____ ____, voilà un bœuf.
Levant la tête, Marinette vit ____ qui galopait à travers prés en direction de ____ ____. C'était une bête de grande ____ portant une ____ compliquée. Il fit ____ par-dessus ____ qui bordait la route et, débouchant dans la ____, s'arrêta devant les deux petites.

M. AYME, Les Contes du chat perché, Gallimard.

3

Jeu des questions perdues.
A partir des réponses, peux-tu retrouver les questions ?

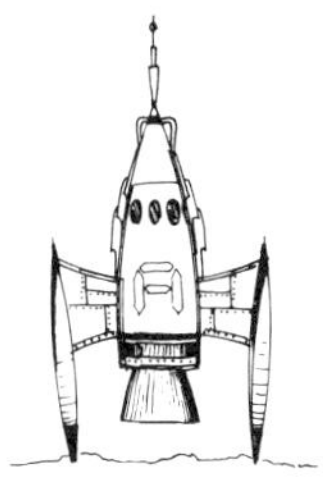

• Q1 ______________________________

Monsieur Durand a gagné une 205.

• Q2 ______________________________

La 205 a été gagnée par Monsieur Durand.

• Q3 ______________________________

Demain, je prends la route.

• Q4 ______________________________

Il est resté dans la voiture.

4

Complète le portrait du chat-fétiche et dessine-le.

Il fallait reconnaître que le chat était tout bonnement horrible ! C'était une sorte de chat-fétiche en peluche, de ____________ ________ de haut. Il était de couleur ____________ et portait un ____________ rouge. Ses pattes ressemblaient à ____________. Son corps était tordu comme ____________. La bouche découvrait des dents blanches et pointues. L'une de ses oreilles ____________ ____________. Enfin il avait des yeux de ____________, il clignait de l'œil droit. C'était le chat le plus ____________ ________ que j'aie jamais vu.

D'après A. HITCHCOCK, Le Chat qui clignait de l'œil, Bibliothèque verte.

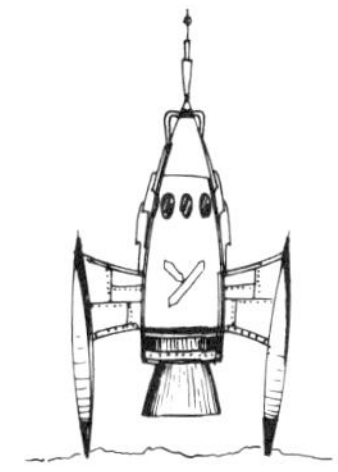

1

Remplace les mots familiers par des synonymes (= mots de sens voisin) du registre courant.

1. Elle est super ta moto !

2. Le choc l'a complétement sonné. Il en est resté groggy.

3. Les Ritals, on est mal piffés. Les mômes français ne risquent pas leur pif dans notre quartier, mais à l'école, ils se rattrapent. Ils se sentent costauds et ne se privent pas de nous casser les pieds.

(Cavanna).

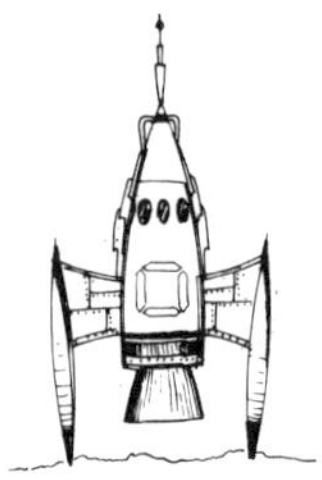

2

Remplace le mot souligné par un synonyme plus précis.

1. Le bruit de tous ces moteurs est assourdissant.

2. Le bruit du tonnerre se rapproche.

3. J'aime le bruit des pneus sur le gravier.

4. Trois coups sont tirés... Le bruit me fait sursauter.

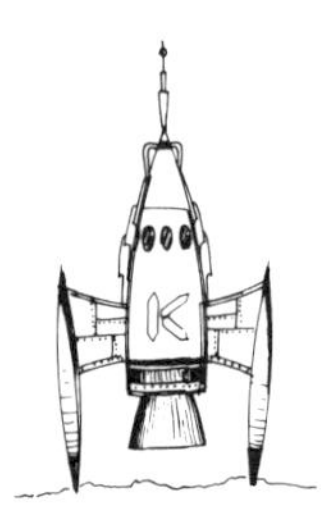

RETOUCHER

3

Même exercice. (attention aux accords, lors des retouches.)

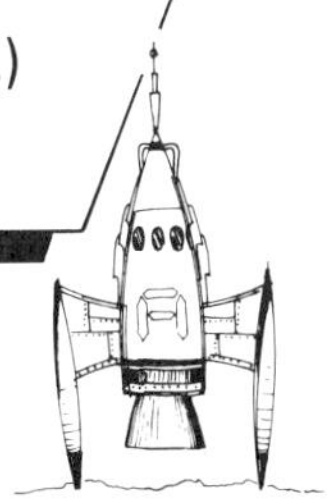

1. A la fin de la soirée, tout le monde était content.

____

2. Aux veilles de Noël, quel monde dans les magasins !

____

3. Quel monde à l'exposition Gauguin !

____

4. Tout le monde se presse pour descendre du train.

____

4

Utilise le présentatif **c'est... qui** ou **c'est... que.**

1. Valérie va être ravie !

____

2. En vacances, je retrouve avec joie les plaisirs de la glisse.

____

____

3. Tartarin de Tarascon s'embarqua pour le pays des lions au son d'une belle fanfare. **(Daudet)**

____

____

____

4. Tous ses rêves, Napoléon les vit s'enfuir à Waterloo.

____

____

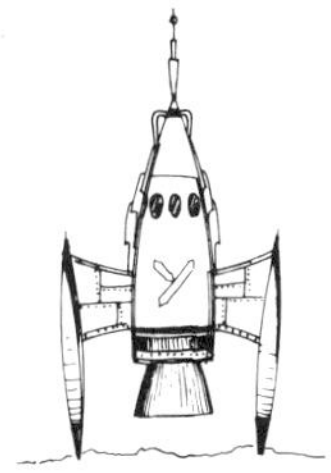

La publicité joue souvent avec les mots et la structure d'une phrase.
Détache un groupe sujet, un complément, un adjectif en tête de phrase...

1

A partir des modèles suivants, recherche et imite 5 ou 6 slogans publicitaires pour un produit de ton choix.

1. Mon boucher, c'est un artiste.
2. Le bonheur, c'est simple comme un coup de fil.
3. Philips, c'est déjà demain.
4. Le MUNSTER,
   c'est passionnément.
   Les Petits Amis.

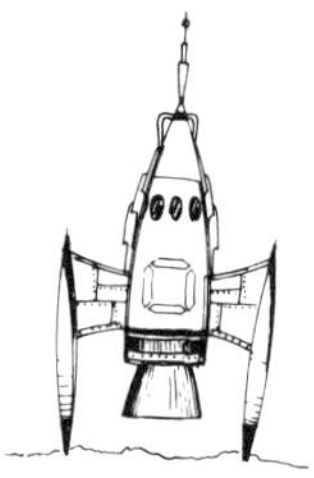

2

Sur le modèle de ce texte publicitaire, **en détachant en tête de phrase un adjectif qualificatif,** rédige un texte pour une moto, une voiture, des skis...

JEEP CHEROKEE LIMITED

Puissante, elle ne craint pas d'affronter les terrains les plus accidentés. Elégante, elle se sent à l'aise partout. Complète, elle vous offre le choix entre un système de traction à 4 roues motrices, permanent ou temporaire.

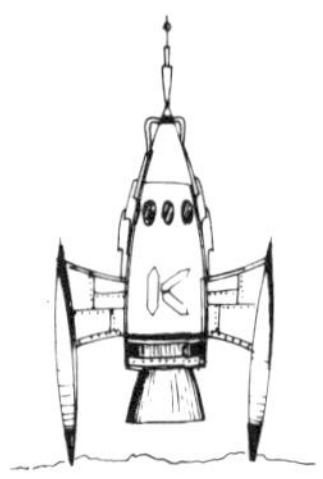

DEPLACER...

3

Sur chacun des schémas suivants, compose une phrase.

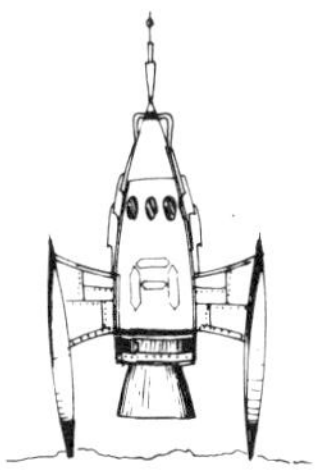

1.

C.C.T.	G.N. SUJET	VERBE	C.O.D.

2.

C.C.L.	C.C.T.	SUJET	VERBE	C.O.D.

3.

C.C.T.	SUJET	VERBE	C.C.L.

4

a. Observe.
b. Lis le début du poème de Prévert et **poursuis** en respectant la règle du jeu.

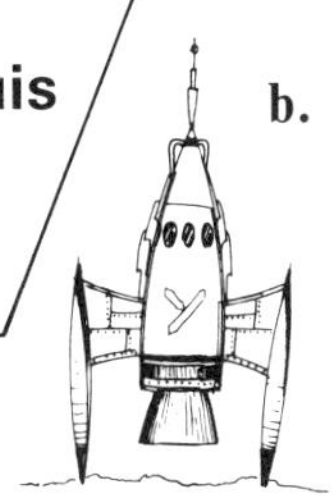

a. Un vieillard en deuil / Une montre en or

→ Un vieillard en or avec une montre en deuil

b.
1. Un vieillard en or avec une montre en deuil
2. Une reine de peine avec un homme d'Angleterre
3. Et des travailleurs de la paix avec des gardiens de la mer
4. Un hussard de la farce avec un dindon de la mort
5. Un serpent à café avec un moulin à lunettes
6. ______
7. ______
8. ______
9. ______
10. ______

1

Complète le texte en ajoutant ce que l'on te demande.

○ **un adjectif qualificatif**

■ **un complément déterminatif (ou c. de nom)**

★ **une série d'appositions**

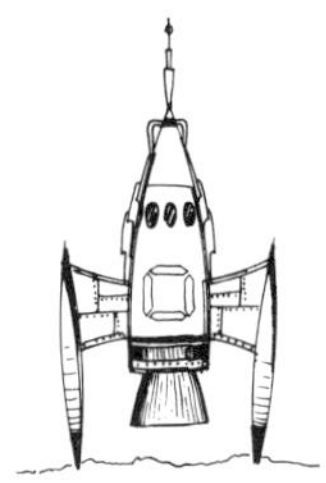

La plupart des caravanes appartenaient aux gens de la foire. M. Carson et Ronny habitaient dans une ○ ______________ caravane ○ ______________.

A l'intérieur de la pièce principale se trouvaient des banquettes-lits ■ ______________, des chaises ■ ______________, un bureau, un ○ ______________ coffre-fort et un panier plein de lots : ★ ______________, ★ ______________, ★ ______________ et ★ ______________.

D'après A. HITCHCOK, Le chat qui clignait de l'œil, Bibliothèque verte.

2

Le garçon de café

Complète le texte en ajoutant ce que l'on te demande.

★ **un adjectif qualificatif**

★★ **une subordonnée relative**

Il allait solennellement de l'un à l'autre. Son corps ★ ______________, avec une aisance ★★ ______________, se glissait entre les tables. Dans un équilibre ★ ______________, il portait son plateau surchargé de bouteilles, de verres, de tasses, ★★ ______________, et ainsi il faisait planer sur la foule houleuse ★★ ______________, cette charge toujours ★ ______________, mais dont jamais un grain de sucre ne tombait. Et on lui lançait des appels de toutes parts.

D'après Henri BOSCO, L'Antiquaire, Gallimard.

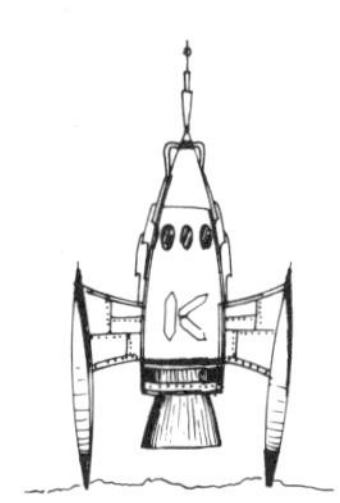

3

Peux-tu rédiger le télégramme en t'aidant des 2 consignes. Le prix est fonction du nombre de mots !

a) Le texte à transmettre :

J'arriverai à Paris-Roissy le jeudi 9 novembre à 20 h 30. Vol n° 34506. Si tu n'es pas à l'aéroport, tu peux me joindre à l'hôtel Racine (Tél. 43.00.00.00) jusqu'au 16 novembre inclus. Mes amitiés. Paul Durand.

b) L'adresse du destinataire :

Hervé Vallet, 57, avenue de la Reine. Versailles. 78.

N° 698 **TÉLÉGRAMME**

Étiquettes

Timbre à date

N° d'appel :

INDICATIONS DE TRANSMISSION

Ligne de numérotation

ZCZC

N° télégraphique

Taxe principale.

Taxes accessoires

N° de la ligne du P.V. :

Ligne pilote

Bureau de destination | Département ou Pays

Total . .

Bureau d'origine	Mots	Date	Heure	Mentions de service

Services spéciaux demandés : (voir au verso)

Inscrire en **CAPITALES** l'adresse complète (rue, n° bloc, bâtiment, escalier, etc...), le texte et la signature (une lettre par case ; **laisser une case blanche entre les mots**).

Nom et adresse

TEXTE et éventuellement signature très lisible

Pour accélérer la remise des télégrammes indiquer le cas échéant, le numéro de téléphone (1) ou de télex du destinataire

TF ______ TLX ______

Pour avis en cas de non remise, indiquer le nom et l'adresse de l'expéditeur (2) :

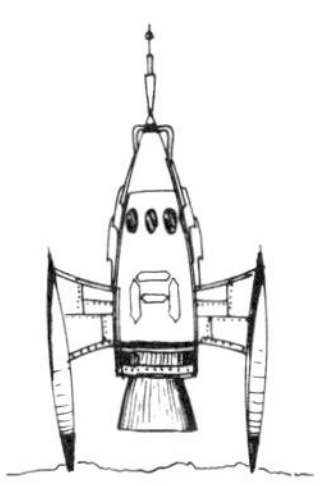

4

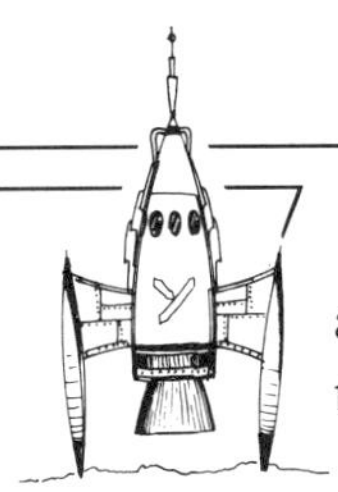

Réduis cet article à ses éléments informatifs.

Des centaines de mouettes ont envahi, depuis le 17 août, les abords de l'aéroport de Roissy-Charles-de-Gaulle, entraînant des perturbations dans le trafic.

Cette prolifération d'« oiseaux de mer », inhabituelle en été, est observée dans presque toute la France. Il n'est pratiquement plus de plan d'eau, aujourd'hui, qui ne reçoive la visite de ces gracieux mais bruyants volatiles, quelle que soit la saison. (Extraits de presse).

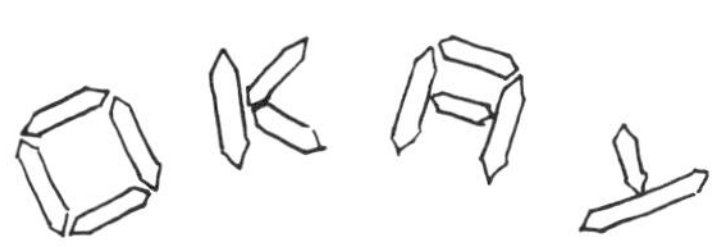

1

En respectant bien les consignes données, propose une phrase de sens équivalent.

Phrases de départ	Modifications grammaticales	Phrases de sens équivalent
1. Ce match m'a impressionnée.	Voix passive.	J'ai été impressionnée par ce match.
2. Le commissaire a interrogé tous les suspects.	Voix passive.	
3. Notre équipe a gagné le match.	Mise en relief par c'est... qui.	
4. Eric a **surmonté** tous les obstacles.	Substitution d'un mot par un synonyme.	
5. La **querelle** porte sur des questions **majeures.**	Substitution d'un mot par un synonyme.	
6. **Il y a** beaucoup de neige sur les routes des Alpes.	Remplacer **il y a** par une autre tournure verbale.	
7. Il m'a fait un cadeau.	Remplacer **faire** par un autre verbe.	
8. Il **n**'est **pas responsable.** Ce **n'**est **pas croyable.**	Remplacer les mots soulignés par leur contraire.	

2

A partir des groupes suivants, reconstitue la phrase.

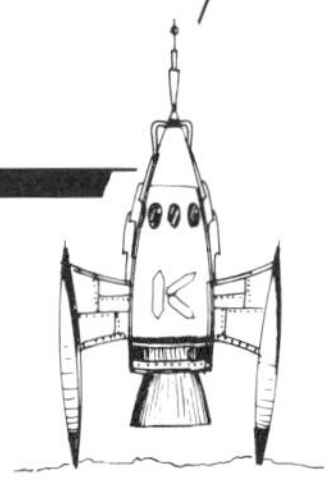

- Mon oncle indiqua alors à mon père
- et nous débouchâmes
- par le soleil levant.
- un chemin à droite
- d'où l'on apercevait une ville éclairée
- sur un plateau

Jean L'HÔTE, La Communale, Editions Jean-Claude Lattès.

3

Pour chacune des structures suivantes, propose une phrase.

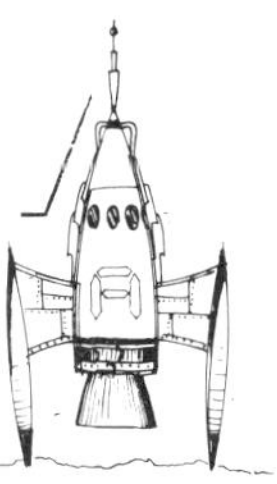

1. Sujet + verbe + C.O.D.

2. Sujet + verbe + C.O.I.

3. Peut-être + verbe + sujet + C.C. de lieu.

4. C.C. de lieu + verbe + sujet.

4

En une phrase, explique chaque panneau.

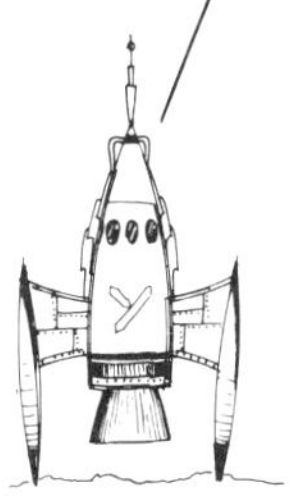

1

Pour suivre le sens d'un texte, il faut se repérer dans le jeu des pronoms. **Dis à quel personnage renvoie chaque pronom en gras.**

Pendant ce temps, Porthos s'était rapproché, avait salué de la main Athos ; puis, se retournant vers d'Artagnan, **il** (1) était resté tout étonné.
« Ah ! ah ! fit-**il**(2), qu'est-ce que cela ?
- C'est avec monsieur que **je** (3) me bats, dit Athos en montrant de la main d'Artagnan, et en le saluant du même geste.
- C'est avec **lui** (4) que **je** (5) me bats aussi, dit Porthos.
- Mais à une heure seulement, répondit d'Artagnan.
- Et **moi** (6) aussi, c'est avec monsieur que **je** (7) me bats, dit Aramis, mais à propos de quoi te bats-**tu**(8) ?
- Ma foi, **je** (9) ne sais pas trop, **il** (10) m'a fait mal à l'épaule ; et **toi**(11), Porthos ?
- Ma foi, **je** (12) me bats parce que je me bats », répondit Porthos en rougissant.

A. DUMAS, Les Trois Mousquetaires.

D'Artagnan : ______

Porthos : ______

Athos : ______

Aramis : ______

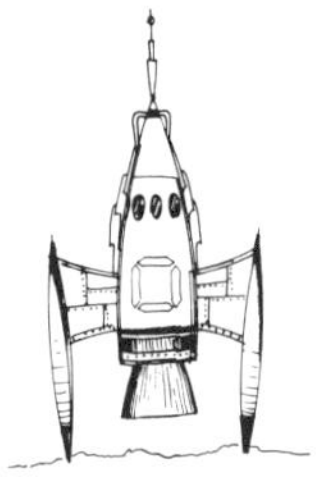

2

A quel **nom** renvoient les pronoms en gras ?

Barbe-Bleue, prenant sa femme d'une main par les cheveux, et de l'autre levant le coutelas en l'air, allait **lui** (1) abattre la tête. La pauvre femme se tournant vers **lui** (2) et **le** (3) regardant avec des yeux mourants **le** (4) pria de **lui** (5) donner un petit moment pour se recueillir.
« Non, non, dit-**il** (6), recommande-**toi** (7) bien à Dieu. »

Ch. PERRAULT.

Les pronoms remplacent :

1. ______
2. ______
3. ______
4. ______
5. ______
6. ______
7. ______

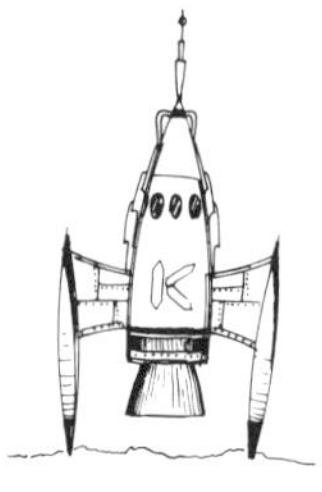

3

Evite les répétitions en utilisant les pronoms personnels qui conviennent, et tu retrouveras le texte de M. Pagnol.

a. Isabelle n'est pas une idiote. C'est vrai qu'**Isabelle** a peur des araignées - mais pour une fille c'est naturel - ma tante Rose a peur aussi des **araignées.**

b. Mon père m'a dit que les loriots étaient arrivés...
- Je sais. J'ai tué trois **loriots** ce matin, en bas, dans le champ d'oliviers de Gustave. Si tu as le temps, ce serait le moment d'aller dans **ce champ.**

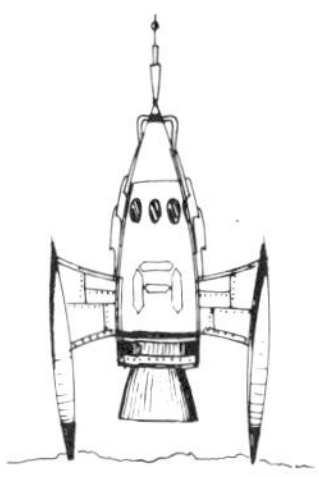

4

Tu transposes ce texte à la 1ère personne du singulier, c'est-à-dire que c'est l'Enfant d'Eléphant qui raconte.

C'est ainsi que l'Enfant d'Éléphant retourna chez lui à travers l'Afrique, en jouant et folâtrant avec sa trompe. Quand il voulait manger des fruits, il les cueillait à l'arbre, au lieu d'attendre qu'ils tombent, comme il faisait auparavant. Quand il voulait de l'herbe, il l'arrachait du sol, au lieu de se traîner sur les genoux comme il faisait auparavant. Quand les mouches le piquaient, il cassait une branche d'arbre et s'en servait en guise de chasse-mouches ; et il se collait une casquette de boue neuve, fraîche et dégoulinante, lorsque le soleil tapait.

Rudyard KIPLING, Histoires comme ça, Editions Delagrave.

C'est ainsi que je

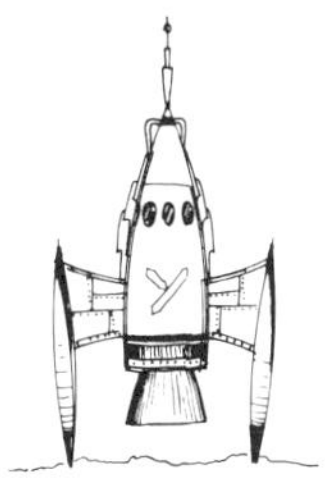

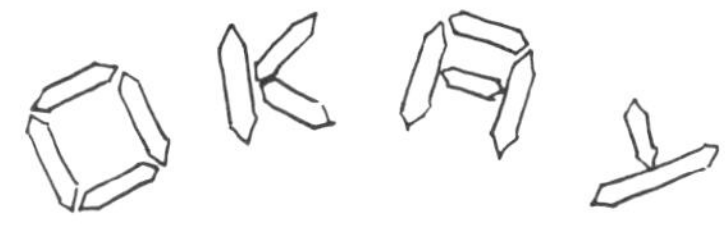

SITUATION DE RECHERCHE

1. Par beau temps, les voiliers sortent.

2. Quand il fait beau, les voiliers sortent.

3. Lorsqu'il fait beau, les voiliers sortent.

4. Il fait beau car les voiliers sortent.

a. Quelles phrases ont un sens équivalent ? Barre l'intruse.

b. Dans quelle phrase l'idée de temps est-elle exprimée par un C.C. de temps ? Souligne-le (en bleu).

c. Dans les 2 autres phrases, l'idée de temps est exprimée par des subordonnées conjonctives de temps. Souligne-les (en rouge).

1

Dans les ensembles de phrases suivantes, barre l'intruse et précise la nature du complément circonstanciel et de ses équivalents.

a. Au lever du soleil, les chasseurs partent.
Les chasseurs partent dès que le soleil se lève.
Aussitôt que le soleil se lève, les chasseurs partent.
Peu avant le lever du soleil, les chasseurs partent.

Nature du complément :

b. A son retour de voyage, il doit m'appeler.
Il doit m'appeler car il va partir en voyage.
Lorsqu'il rentrera de voyage, il doit m'appeler.

Nature du complément :

c. Malgré le froid, nous irons marcher.
En dépit du froid, nous irons marcher.
Comme il fait froid, nous irons marcher.
Il fait froid, mais nous irons marcher.

Nature du complément :

d. Il sera récompensé à cause de son courage.
Pour son courage, il sera récompensé.
Il sera récompensé parce qu'il est courageux.
Il sera récompensé lorsqu'il sera courageux.

Nature du complément :

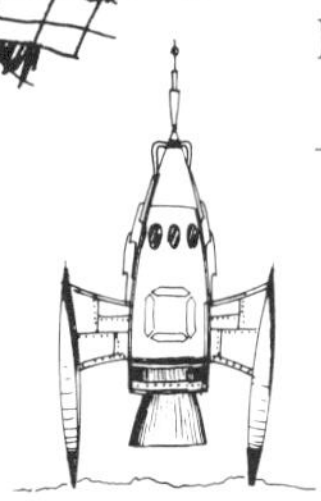

2

Selon l'exemple donné, transforme les autres phrases.

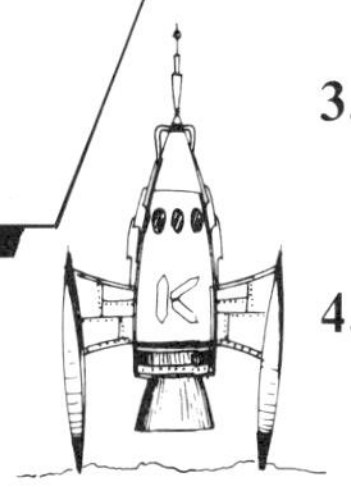

1. Lorsque tu auras terminé tes devoirs, tu regarderas la télévision.
   → Tes devoirs terminés, tu regarderas la télévision.
2. Quand il eut passé son examen, il partit en vacances.
   → ______________________________
3. Dès qu'on a franchi le pont, on aperçoit le château.
   → ______________________________
4. Quand le chat n'est pas là, les souris dansent.
   → ______________________________

3

Transforme les phrases suivantes selon le modèle donné.

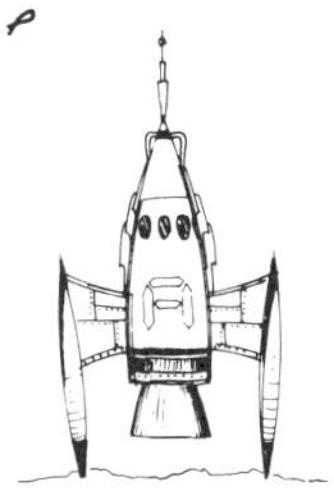

Exemple : Ce film est ennuyeux, j'éteins la télévision.
Ce film est ennuyeux donc j'éteins la télévision.
J'éteins la télévision car le film est ennuyeux.

1. Il pleut, nous rentrons.

____

____

2. Tu as couru trop vite, tu es essoufflé.

____

____

3. Les journées sont douces, on ne se croirait pas en automne.

____

____

4

Par un jeu de flèches, imagine toutes les combinaisons possibles.

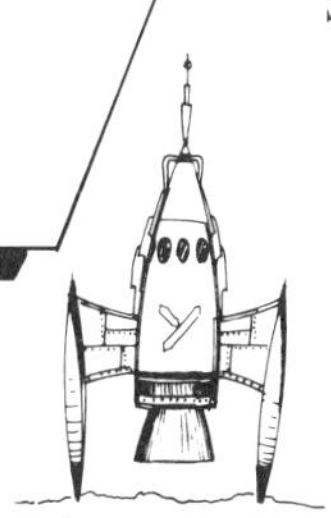

Si je peux	j'irai au Mexique.
Si je pouvais	je serais allé au Mexique.
Si j'avais pu	je vais au Mexique.
	j'irais au Mexique.

MEMENTO

Adverbes de liaison → **d'abord, et, puis, ensuite, enfin...** et Conjonctions de coordination → **mais, ou, et, donc, or, ni, car**	]	permettent de souligner l'enchaînement des idées et des phrases.

SITUATION DE RECHERCHE

Robinson se nourrissait au hasard de coquillages, de racines de fougères, de noix de coco, de baies, d'œufs d'oiseaux et de tortues. [Le troisième jour], il jeta loin de lui la carcasse du bouc qui commençait à sentir. [Mais] il regretta bientôt ce geste, [car] les vautours qui s'en régalèrent ne cessèrent plus désormais de le suivre et de l'épier dans l'attente de nouvelles aubaines. [Parfois], exaspéré, il les bombardait avec des pierres et des bûches. [Alors] les sinistres oiseaux s'écartaient paresseusement, [mais] c'était pour revenir aussitôt.

Michel TOURNIER,
Vendredi ou la vie sauvage, Gallimard.

a. Tu lis le texte.
b. Tu classes les mots de liaison encadrés en 2 ensembles selon qu'ils expriment :

une suite chronologique des actions (succession dans le **temps**)	une relation logique (cause, conséquence, opposition...)

1

Tu lis le texte suivant et tu encadres les mots de liaison qui marquent la suite chronologique des actions.

Robinson consacrait tous ses efforts à installer des signaux sur la plage. Il entassa des fagots de branchages et une quantité de varech grâce auxquels il provoquerait des torrents de fumée si une voile pointait à l'horizon. Ensuite, il eut l'idée d'un mât planté dans le sable. En cas d'alerte, Robinson y fixerait un fagot enflammé. Plus tard, il trouva mieux encore : il bourra le tronc d'un eucalyptus de brindilles et de bûchettes qui transformeraient vite l'arbre en une immense torche visible. **(D'après M. TOURNIER.)**

2

Après avoir lu le texte des yeux, tu remplaces les filets par des mots de liaison qui soulignent l'enchaînement des actions.

- **un instant**
- **tout à coup**
- **puis**
- **et**
- **alors**
- **puis**

__________ jaillit de la mer un cou aussi énorme que le tronc d'un chêne, surmonté d'une tête effrayante. Ouvrant sa gueule béante, le serpent se jeta sur la fragile embarcation. ______ le Roi Léonce lança le harpon. En sifflant, la flèche partit comme un éclair, ______ une détonation retentit, assourdissante. ______ la chaloupe demeura noyée dans un épais nuage noir, ______ le vent dissipa la fumée ______ l'on put voir, sur la proue du petit bâtiment, Léonce gisant les bras en croix.

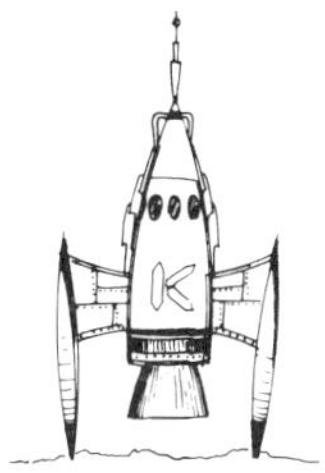

D'après D. BUZZATI, *La fameuse invasion de la Sicile par les ours*, Gallimard.

3

Remplace les filets par une conjonction de coordination qui convient. Précise la nature de la relation logique (cause, conséquence ou opposition).

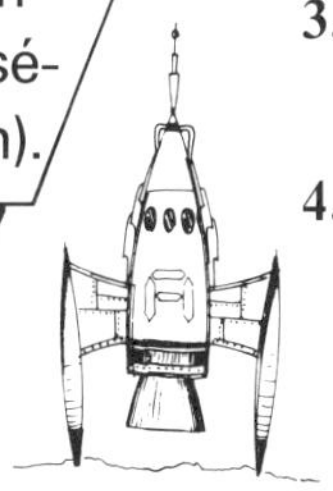

1. Il a très peur ______ il n'en laisse rien paraître.
Nature de la relation : ______________________

2. Tu n'as pas terminé tes devoirs, tu ne sortiras ______ pas.
Nature de la relation : ______________________

3. Viens m'aider ______ je suis chargée.
Nature de la relation : ______________________

4. La façade de la maison est décrépie ______ les maçons vont bientôt venir.
Nature de la relation : ______________________

4

En usant de la coordination, transforme ces trois phrases simples en **une seule phrase.**

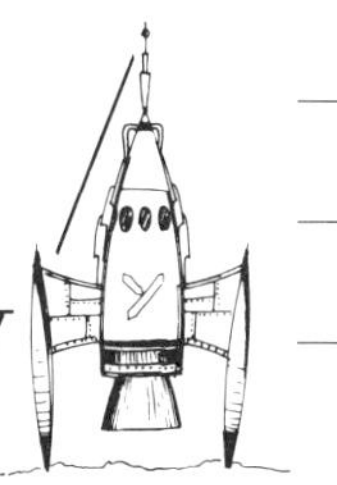

Depuis huit jours, je suis en vacances. Je n'ai pas encore fait de la glisse. Le temps ne le permet pas.

____

____

____

____

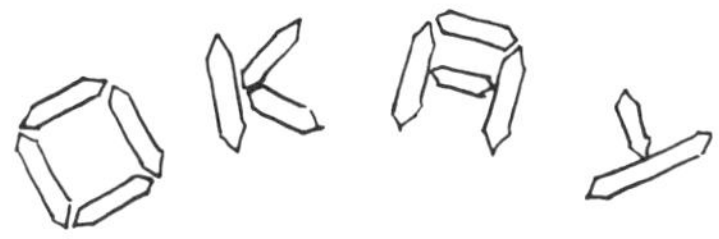

1

SITUATION DE RECHERCHE

a. Le premier paragraphe donne une impression générale : c'est une maison vaste d'allure paysanne. Souligne les détails qui le prouvent.

La maison était vaste, d'allure paysanne. Elle ne ressemblait nullement à un château sinon à l'intérieur, parce que les pièces étaient immenses et les larges poutres du plafond très haut perchées. Alexis pénétra dans le vestibule dont les murs s'ornaient de têtes de sangliers, de bois de cerf et d'un râtelier d'armes (...)

Le vestibule s'ouvrait sur une pièce longue, incroyablement meublée, avec dans un coin des fauteuils et un piano, et partout ailleurs un désordre de chaises et de buffets. Sur l'immense table, s'étalaient des livres, deux pots de tabac, des pipes et des cartouches. Pour l'heure M. Grégoire s'occupait à sertir des cartouches.

C'était un homme d'un grand âge, au visage rasé et très dur. Dans ses yeux il y avait toujours une flamme d'ironie.

A. DHÔTEL, *L'Enfant qui disait n'importe quoi*, Gallimard.

b. Le 2e paragraphe décrit **une** des pièces. Relève et classe les meubles et les objets énumérés.

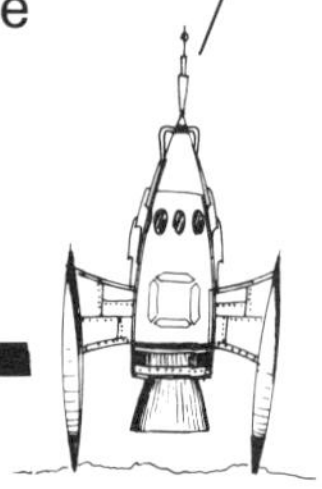

meubles	objets

2

A ton tour, tu présentes un personnage dans sa maison. Voici un plan succinct de ton travail.

Premier paragraphe : aspect général de la maison, impression d'ensemble. Détails qui confirment cette impression.

Deuxième paragraphe : description d'une pièce.

Troisième paragraphe : description d'un personnage qui habite cette maison.

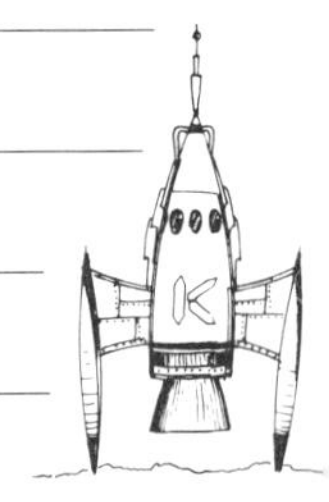

3

Tu rédiges une courte introduction à ce texte.

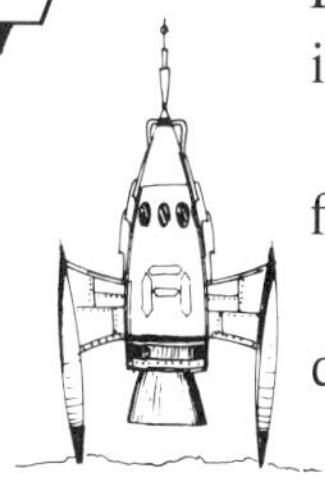

Certaines causes sont dues à l'insuffisance du réseau routier. Aux heures d'affluence, les embouteillages sont nombreux et usent la patience des conducteurs. Comment maîtriser ses réflexes ensuite ?

D'autres accidents proviennent du mauvais entretien des véhicules. Des plaquettes de freins usées, de mauvais amortisseurs, des pneus inégalement usés peuvent coûter la vie.

Mais c'est souvent l'imprudence et même l'inconscience du chauffeur qui est à l'origine de l'accident.

C'est bien parce que les causes sont multiples qu'il est difficile de trouver des solutions évidentes.

4

Voici une série d'informations sur le pétrole. A partir de ces informations, tu rédiges un paragraphe pour **expliquer** comment on extrait et transporte le pétrole.

Le pétrole est extrait des puits.
Le pétrole est acheminé vers les raffineries.
Les raffineries transforment le pétrole.
On transporte le pétrole dans des oléoducs.
Les oléoducs sont des tubes d'acier soudés.
On transporte le pétrole dans des navires pétroliers.
Les navires pétroliers sont constitués de réservoirs.
On donne le nom de « tank » à ces réservoirs.

(Revue Pratique N° 53)

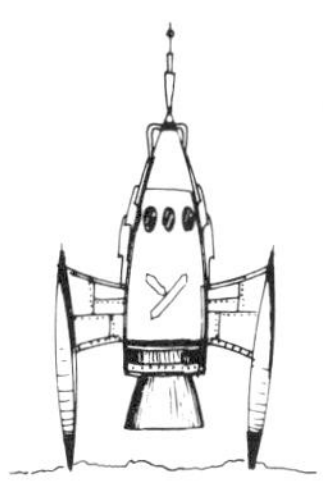

Tu rédiges une phrase pour introduire ce paragraphe :

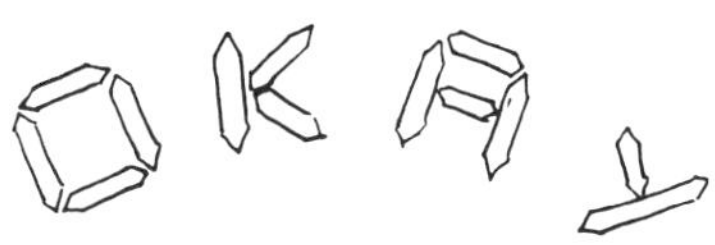

1

Le boucher

Récris le texte en plaçant les mots ou expressions de la colonne de gauche à leur place normale. Pour t'aider, ce signe ⋆ te sera utile.

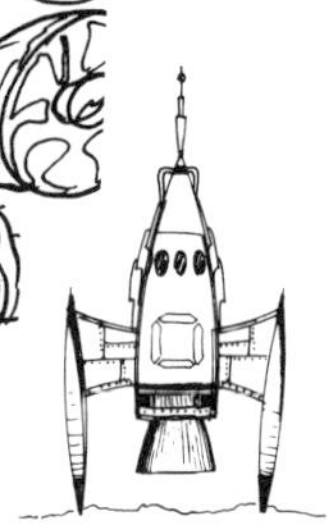

- lentement
- sous le col rabattu de sa chemise rose
- Les bras nus et croisés
- rouge
- contre la planche à débiter la viande
- vigoureux
- blanc
- au petit jour

Au fond, ⋆ , le boucher, sous des quartiers de moutons pendus à des crocs, sommeillait. Il avait commencé de travailler ⋆ et la fatigue amollissait ses membres ⋆ . ⋆ , les jambes écartées sous le tablier ⋆ , taché de sang, il balançait ⋆ la tête. Sa face ⋆ étincelait et les veines de son cou se gonflaient ⋆ .

D'après Anatole FRANCE, Le mannequin d'osier,
Editions Calmann-Lévy.

2

Un choix difficile

Tu rétablis le texte en choisissant l'expression logique parmi les trois qui te sont proposées. (barre les autres).

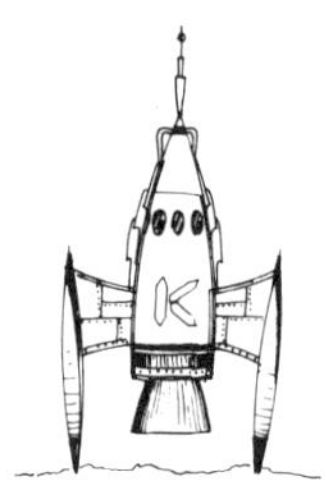

(A la suite d'un naufrage, Robinson Crusoé se retrouve sur une île déserte. Il décide alors de construire une maison.)

Je devais considérer plusieurs choses dans le choix du site de ma nouvelle (propriété - acquisition - habitation) : 1° la salubrité et la possibilité de me procurer facilement de l'eau (douce - minérale - de mer) ; 2° l'abri contre la chaleur du soleil et l'humidité ; (...) 3° la vue de (la forêt - la mer - la montagne), afin que si (un bâtiment - un camion - un avion) passait dans ces parages, je pusse en profiter pour ma délivrance.

En cherchant un lieu qui réunît tous ces avantages, je trouvai une petite (route - ville - plaine) située au pied d'une colline, dont le flanc s'élevait à pic comme la façade d'une maison... Sur le devant de ce rocher, il y avait un enfoncement qui ressemblait à l'entrée d'une cave probablement creusée par (les eaux de ruissellement - les habitants de l'île - la nature).

Ce fut là, juste devant cette cavité, que je résolus de m'établir.

D'après Daniel DEFOË (Robinson Crusoé),
Editions Magnard.

3

Retrouve l'ordre chronologique des vignettes puis raconte ce qui arrive à Ferdinand.

Les aventures de Ferdinand, La Dépêche du Midi n° 14 941 du 15 août 1989.

a

b

c

d

Ordre chronologique des vignettes :

____ ____ ____ ____

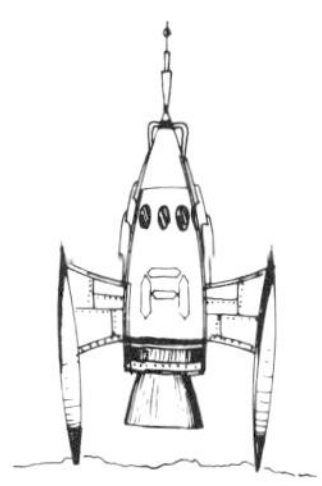

____

____

____

____

____

4

Si tu devais recopier ce texte sur trois paragraphes, note ci-après le début des 2e et 3e paragraphes.

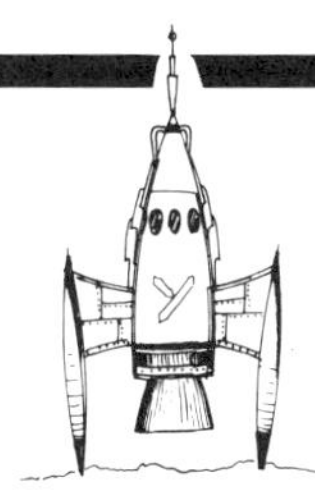

La vie n'est pas toujours facile au Japon. Il faut beaucoup d'argent pour vivre au pays du Soleil-Levant. Acheter un appartement à Tokyo devient très difficile, tellement les prix sont élevés. Il n'est pas rare de voir des gens s'endetter sur cinquante ans, ce qui signifie que leurs enfants devront finir de payer l'appartement. Le manque de place est aussi un gros problème : 50% des Japonais habitent à quatre dans un appartement de moins de 80 mètres carrés et 10% des Japonais, c'est-à-dire 12 millions de personnes, vivent même à quatre dans un logement de moins de 40 mètres carrés. Les Japonais travaillent beaucoup plus qu'en Occident : 48 heures en moyenne par semaine, contre 39 en France, et ils ne prennent que sept jours et demi de vacances par an. En outre, les systèmes de Sécurité sociale et de retraite sont peu développés.

Dossier Okapi n° 421, juin 1989.

note ci-contre

a. Le début du 2e paragraphe : ______________________

b. Le début du 3e paragraphe : ______________________

RÈGLE DU JEU

Il faut écrire un texte en employant obligatoirement, et dans un ordre choisi à l'avance, les mots d'une liste préalablement établie.

1

Lis le texte suivant puis écris une autre histoire, en utilisant les mêmes mots, dans l'ordre donné.

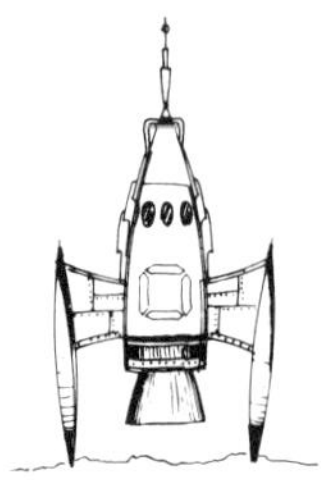

départ — lunettes — travail — viande — lentilles — déjeuner — arrivée

Jean-Marc ouvre les volets de sa chambre et met ses lunettes. C'est drôle de dormir en plein jour pendant que tout le monde est au travail !

Après une bonne douche, il va dans la cuisine. Sa mère lui a laissé de la viande froide et un reste de lentilles. Ça sera à la fois son petit déjeuner et son déjeuner.

Georges GREFFIER, Les trois motards mènent l'enquête, Armand Colin/Bourrelier.

2

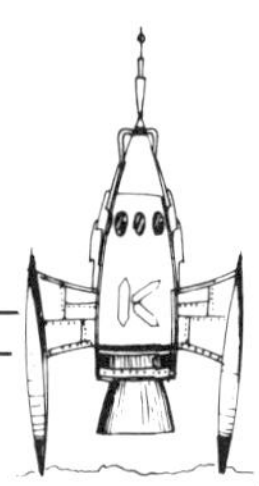

Ecris une histoire en employant ces mots dans l'ordre donné.

départ — skate-board — filer — roues — virage — fracture — arrivée

3

Tu as le choix entre deux chemins pour écrire l'histoire. Mais tu dois respecter l'ordre des mots.

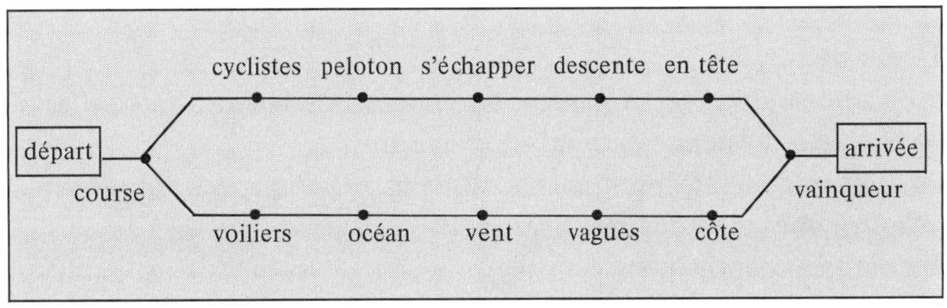

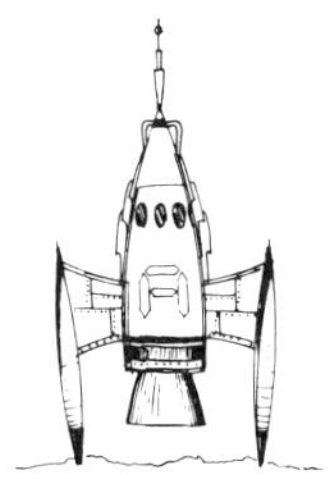

4

Avec des extraits du lexique d'un catalogue d'articles par correspondance, tu écris un texte. Tu dois choisir sept mots dans la liste sans revenir en arrière.

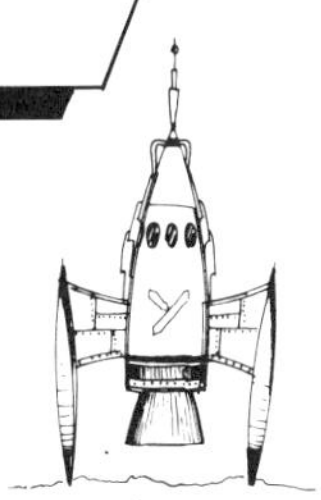

BAC A SABLE 246
BACHES 631
BADMINGTON 242
BAGAGES 190-191
BAIGNOIRES 541
BAIN A BULLES 99
BALADEURS 766-767
BALADEURS LASER 740-741
BALANCES DE MENAGE 588
BALANÇOIRES 246
BALAYEUSES JARDIN 631-634
BALLES DE TENNIS 242
BALLONS 244
BARBECUES 571
BETONNIERES 495
BIBLIOTHEQUES 320
BICYCLETTES 249 à 254
BIMBELOTERIE 810
BLAIREAUX 99
BOBINES FILM 706
BOITES CONGELATION 589
BOITES AUX LETTRES 497
BOITES RANGEMENT 326-475
BONGOS 774
BOTTES EQUITATION 260
BOTTES DE PECHE 260
BOUCHEUSES/BOUCHONS 504
BOUILLOIRES 606
BOUTEILLES ISOTHERMES 230
BOXE 245
BROSSES A DENTS 348
BROUETTE 631
GARAGES 638-639
GARAGE CYCLES 254
GARDE-VIN 504
GARNITURE DE BUREAU 807
GAUFRIER 607
GLOBE TERRESTRE 807
GOLF 247
GRILLE-PAIN/GRILLE-VIANDE 606-607
GRILLES DE RASOIRS 346
GROUPES ELECTROGENES 520
GROUPES FILTRANTS 545
GUITARES, 776
GUITARES ELECTRIQUES 777
GYMNASTIQUE 237
JEUX DE PLEIN-AIR 246
JEUX (MONTAGE ROBOTIQUE) 682
JEUX DE SOCIETE 798-799
JOGGING 196-203
JOGGING ENFANT 128-129
JOINTS D'ETANCHEITE 522
JOUETS PREMIER AGE 110 à 113
JOUETS 778 à 801
JUDAS OPTIQUE 529
JUMELLES 707
MAGNETOPHONES 768
MAGNETOSCOPES724 à 729
MAILLOTS DE BAIN 204
MAILLOTS CYCLISTE 248
MALLETTES RANGEMENT DIAPOS 706
MANCHONS ISOLANTS 523
MANETTES DE JEUX (ORDINATEURS) 665
MAQUILLAGE 97
MAROQUINERIE 182 à 191
MARCHES D'ESCALIER 460
MARTEAU PIQUEUR 495
PANTALONS JOGGING 196-203
PANTALONS SKI 206-219
PANTOUFLES 180-181
PAPETERIE 289-807
PAPIER INFORMATIQUE 683
PARAPLUIES 186-187
PARE-DOUCHES 343-344
PARKAS 210 à 212-215
PEAUX 465
SACS A DOS 232
SACS A DOS BEBE 103
SACS D'ECOLE 188-189
SACS DE GOLF 247
SACS A MAIN 182 à 185
SAC NURSERIE 104
SAC PHOTO 706
SACS POUBELLE 589
SACS DE SPORT 261
SACS TENNIS 261
SACS DE VOYAGE 189 à 191
SALLE DE BAINS (EQUIPEMENT) 328 à 344
SALONS262-263-265 à 269
VEHICULES 816-817
VEILLEUSES 520
VELOS 249 à 254
VELUX 524
VENTILATEURS 532
VERRES 598
VERROUS 526
VESTIAIRES 276

(CAMIF/Hiver 89-90)

1 SITUATION DE RECHERCHE

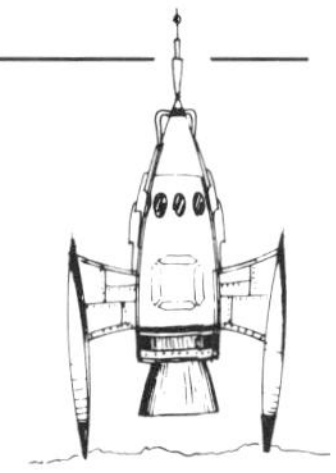

Tistou demanda :
- Mais puisqu'on n'avait pas mis de graines, Monsieur Moustache, d'où viennent ces fleurs ?
- Mystère... mystère..., répondit Moustache.
Puis, brusquement, il prit entre ses mains rugueuses les petites mains de Tistou, en disant :
- Montre-moi donc tes pouces !
Il examina attentivement les doigts de son élève, au-dessus, au-dessous, dans l'ombre et dans la lumière.
- Mon garçon, dit-il enfin après mûre réflexion, il t'arrive une chose aussi surprenante qu'extraordinaire. Tu as les pouces verts.
- Verts ? s'écria Tistou, fort étonné.

M. DRUON, Tistou les pouces verts, G.L.F.

a. Quels sont les deux personnages ? ____________________

b. Souligne en vert les lignes qui n'appartiennent pas au dialogue.

c. Quels signes de ponctuation caractérisent un dialogue ? ____________________

____

d. Encadre les verbes introducteurs.

MEMENTO

LES MARQUES DU DIALOGUE :

1. **La ponctuation :** deux points, guillemets, tirets.
2. Même lorsque le **récit** est au **passé,** le **dialogue** est au **présent.**
3. **Les verbes introducteurs** servent à introduire les répliques. Ils peuvent se placer :

- avant la réplique : Il demanda : Pierre est-il prêt ?
- au cours de la réplique : Si tu ne viens pas, dit-il, je pars seul.
- après la réplique : Pierre est-il prêt ? demanda-t-il.

2

Récris le texte en rétablissant la ponctuation.

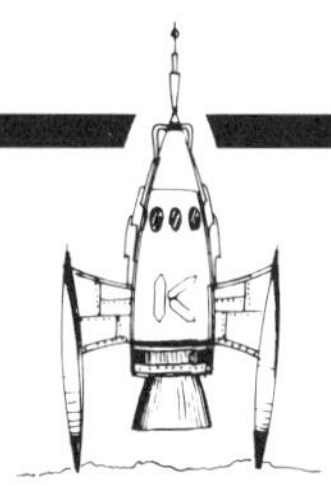

Que voulais-tu me demander
Je voulais savoir où cette guerre a éclaté
Monsieur Trounadisse se leva amena Tistou devant une mappemonde qu'il fit tourner et posa son doigt au milieu
Tu vois ce désert dit-il Eh bien c'est là

D'après M. DRUON, Tistou les pouces verts, G.L.F.

____

____

____

____

LE DIA

3

A la place des filets, mets un verbe introducteur choisi dans la liste.

- **suggérer**
- **interrompre**
- **dire**
- **avouer**
- **raconter**

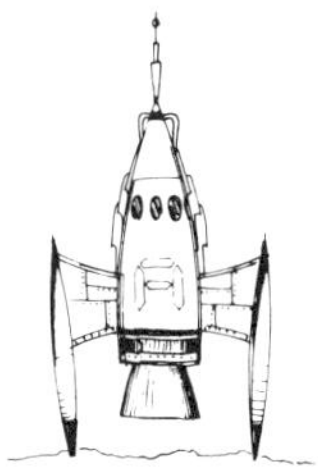

Le deuxième mystère fut en effet le secret du bois des Rhizopodes.

« Un soir, ____________ précisément le Professeur, comme j'étais allé faire quelques pas du côté du bois des Rhizopodes...

– Où habite mon chambellan Salpêtre, ____________ Léonce.

– Cela, je l'ignore, ____________ le magicien, ce que je sais, c'est qu'en me promenant au milieu des massifs, je lève tout à coup les yeux au-delà de la cime des arbres, et devine un peu ce que je vois ?

– Un oiseau ? ____________ Léonce, dévoré de curiosité, ou un monstre, peut-être ?

– Du tout ! Un palais ! Un palais tout en marbre.

D'après Dino BUZZATI, La fameuse invasion de la Sicile par les ours, Gallimard.

4

En t'appuyant sur les vignettes, tu imagines le dialogue entre les deux personnages.

____

____

____

____

____

____

____

____

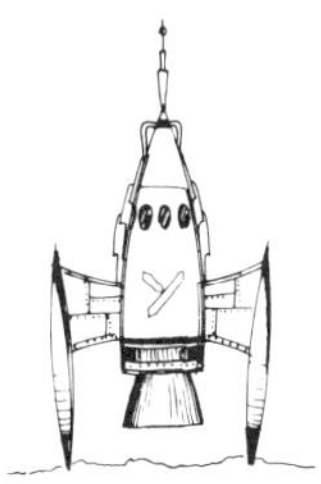

SITUATION DE RECHERCHE

Dans les textes suivants, encadre en rouge ce que l'on décrit. Souligne ensuite les adjectifs qualificatifs, les compléments de nom et les comparaisons qui servent à décrire.

Puis vint la neige. Après la neige, vint le froid. Les rues semblaient d'argent, tant elles brillaient et étincelaient ; des glaçons longs comme des dagues pendaient des rebords des toits.

O. WILDE, *Le géant égoïste*, Gallimard.

Un tout jeune poney rouge le regardait du box. Ses oreilles étaient tendues en avant et il y avait dans ses yeux une flamme de rébellion. Sa robe était épaisse et rude comme la fourrure d'un airedale et sa crinière était longue et emmêlée.

J. STEINBECK, *Le poney rouge*, Gallimard.

Un Indien de la Terre de Feu

C'est un petit homme, avec de courtes jambes et de longs bras musclés. Il a de longs cheveux noirs hirsutes. Sa peau est d'un jaune brun foncé. Ses yeux sont bruns sous un front fuyant.

J. RISPAIL.

1

A ton tour, utilise les éléments suivants pour présenter un personnage auquel tu donneras un prénom de ton choix.

- C'était un jour pluvieux
- un vaste imperméable
- un nez pelliculé de pluie
- grande et souple
- le visage doré
- deux yeux immenses et transparents

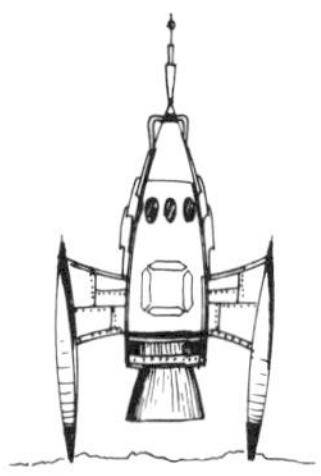

2

A la manière de John Steinbeck, tu présentes un animal que tu aimes bien.

A LA MA

3

Voici un portrait en action. A ton tour, tu présentes un personnage en action.

Calme, la tête haute, l'intrépide Tarasconnais **fit lentement le tour** de la baraque, **passa sans s'arrêter** devant la baignoire du phoque, **regarda d'un œil dédaigneux** la longue caisse pleine de son où le boa digérait son poulet cru, et **vint enfin se planter** devant la cage du lion...

Alphonse DAUDET.

4

Maintenant, tu décris ce que tu vois de ta fenêtre. Tu organises ta description en utilisant la consigne donnée.

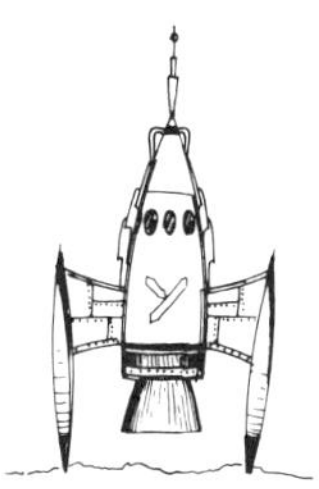

Au premier plan... / Plus loin... / A l'horizon...

OU

Devant moi... / A ma gauche... / A ma droite...

Les terrasses bleues et blanches de la ville arabe se chevauchaient, ensanglantées par les taches rouge sombre des piments qui séchaient au soleil... **Un peu plus loin,** la palmeraie, divisée en carrés inégaux par des murs d'argile, bruissait à son sommet sous l'effet d'un vent qu'on ne sentait plus sur la terrasse. **Plus loin encore, et jusqu'à l'horizon,** commençait, ocre et gris, le royaume des pierres.

D'après A. CAMUS, L'exil.

MEMENTO

Un récit, c'est une histoire...

Une **description** interrompt l'histoire pour **donner à voir** un personnage, un lieu ou un objet.

Dans tes descriptions, utilise les **expansions du G.N. :**

- adjectifs qualificatifs (ex. : la crinière longue et emmêlée).
- c. de nom (ex. : un bruit d'enfer).
- subordonnées relatives (ex. : l'enfant qui disait n'importe quoi).
- comparaisons (ex. : des glaçons longs comme des dagues).

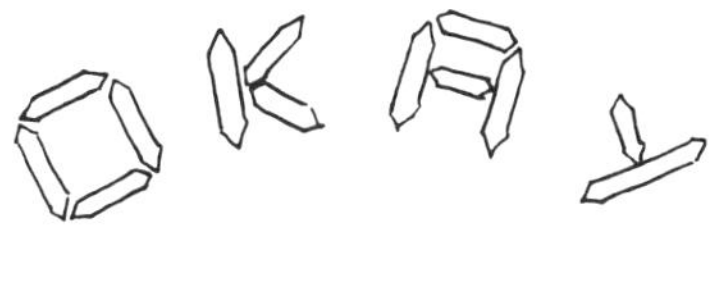

1

Chez le brocanteur

A l'endroit indiqué par l'astérisque, décris le brocanteur en 2 ou 3 lignes.

Nous nous arrêtâmes au bout du boulevard de la Madeleine, devant une boutique noirâtre. Elle commençait sur le trottoir, qui était encombré de meubles hétéroclites, autour d'une très vieille pompe à incendie à laquelle était accroché un violon. Le brocanteur était * ______________________________
____
____
____

Mon père lui avait déjà rendu visite et avait retenu quelques « meubles » : une commode, deux tables, un petit canapé qui perdait ses entrailles comme un cheval de toréador, trois sommiers crevés, des paillasses à moitié vides, un bahut qui n'avait plus ses étagères et divers ustensiles de ménage.

D'après Marcel PAGNOL, La gloire de mon père, Editions de Fallois.

2

La mort du loup

A l'endroit indiqué par l'astérisque, fais une description du loup.

Malgré ma patience, je commençais à désespérer, quand tout à coup je vois venir dans le sentier un gros animal dont les yeux luisaient comme des chandelles. Le loup marchait doucement comme une bête bien repue, qui avait fait grassement sa nuit. A mesure qu'il approchait, je le voyais mieux : c'était un vieux loup * ______________
____
____
____

Je le tenais au bout de mon canon de fusil, le doigt sur le déclic et, lorsqu'il fut à dix pas, je lui lâchai le coup en plein poitrail. Il fit un saut, jeta un hurlement rauque, comme un sanglot étouffé par le sang, et retomba raide mort.

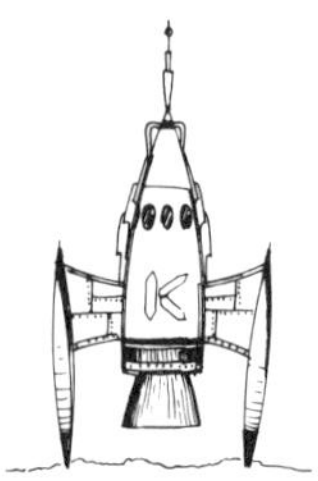

Eugène LE ROY, Jacquou le croquant, Editions Gallimard.

3

Alice et le robot

A l'endroit indiqué par l'astérisque, rédige la description du robot.

(Alice enquête dans une maison gardée par un robot.)

Un étrange bourdonnement venait de rompre le silence. L'instant d'après, une bizarre silhouette métallique traversa le vestibule et se posta devant Alice.

C'était un robot * ______________________________

____

____

____

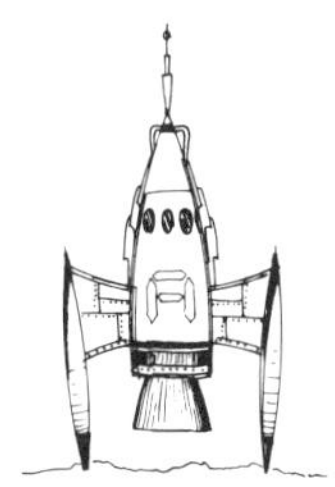

Soudain, l'homme de métal leva les bras, les referma autour d'Alice et se mit à serrer de plus en plus fort...

D'après Caroline QUINE, Alice et le robot, Editions Hachette.

4

A l'endroit indiqué par l'astérisque, rédige la description de la maison du pêcheur, puis décris l'attitude de la fillette qui raccommode.

La mer fouette la côte de sa vague courte et monotone. De petits nuages blancs passent très vite à travers le grand ciel bleu, emportés par le vent rapide, comme des oiseaux ; et le village, dans le pli du vallon qui descend vers l'océan se chauffe au soleil.

Tout à l'entrée, la maison des Martin-Lévesque, seule au bord de la route. C'est une petite demeure de pêcheur, * ______________________________

____

____

L'homme est à la pêche, et la femme, devant la loge, répare les mailles d'un grand filet brun, tendu sur le mur ainsi qu'une immense toile d'araignée.

Une fillette de quatorze ans, assise * ______________________________

______________________________,

______________________________,

raccommode du linge, du linge de pauvre, rapiécé, reprisé déjà...

D'après Guy de MAUPASSANT, Le retour, Contes.

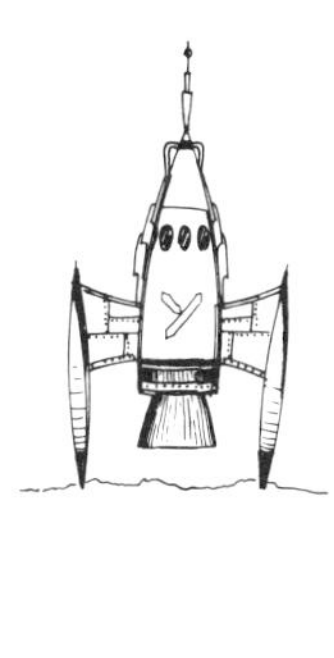

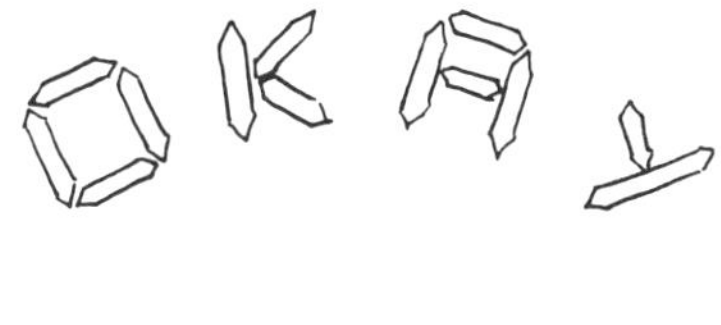

1

A toi
de continuer
cette histoire !

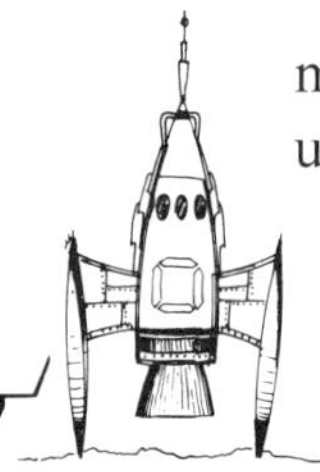

Je laisse mon camarade monter vers l'un des nids repérés pendant que je reste en bas à l'attendre avec la cage.

Tout à coup, j'entends un hurlement terrible, puis des gémissements. Un peu après, le garçon redescend en larmes. Il me montre un doigt sanglant. Que s'est-il passé ?

D'après Pierre Jakez HELIAS, Le cheval d'orgueil, Editions Plon.

2

A toi
de continuer
cette histoire !

Le lion

Sur le seuil de cette savane, un seul arbre s'élevait... Dans son ombre, la tête tournée de mon côté, un lion était couché sur le flanc. Un lion dans toute la force terrible de l'espèce et dans sa robe superbe. Le flot de la crinière se répandait sur le mufle allongé contre le sol.

Et entre les pattes de devant, énormes, qui jouaient à sortir et à rentrer leurs griffes, je vis Patricia. Son dos était serré contre le poitrail du grand fauve. Son cou se trouvait à portée de la gueule entrouverte.

D'après Joseph KESSEL, Le lion, Editions Gallimard.

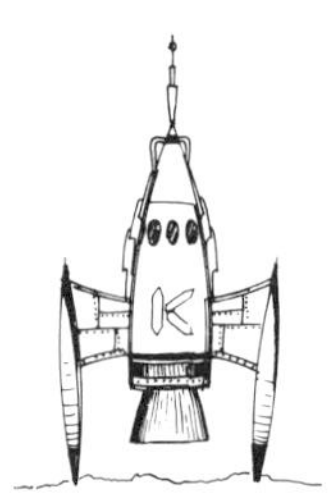

3

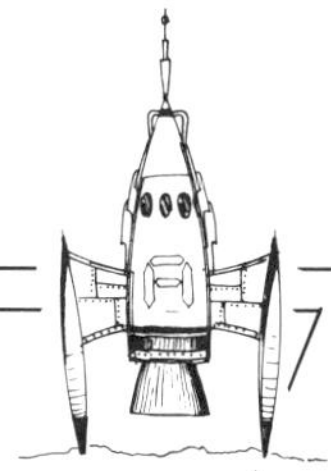

Nuit en forêt

A toi de continuer cette histoire sur une feuille de copie !

La forêt s'animait. J'entendais un sourd piétinement. Des branches froissées par de mystérieux passages éclataient net, et partout s'élevait comme un crépitement de feuilles. Je me tapis (1). Une lourde masse fonça, puis des corps plus légers, dont je ne distinguai que le mouvement furtif et les ombres, glissèrent. Parfois un souffle bref, un ahan, puis une haleine sauvage, et de nouveau cette multitude de pas assourdis. C'était comme une migration de bêtes invisibles... Maintenant il devait y en avoir des centaines. Je n'y tins plus ; je rampai sous les basses branches et je parvins jusqu'au talus le long duquel, protégé par un chêne, je me couchai. Là, j'étais à l'abri. Alors je passai la tête. Et je vis.

Je vis...

(1) **Se tapir :** se cacher en se blottissant.

D'après Henri BOSCO, L'Ane Culotte, Editions Gallimard.

4

L'enfant et le chien

A toi de continuer cette histoire sur une feuille de copie !

Félix, qui était maçon, ne rentrait pas avant le soir ; mais en son absence, sa maison était gardée par un chien immense, si maigre qu'on eût dit un squelette velu, et qui bondissait vers les passants en s'étranglant au bout d'une chaîne, dont l'épaisseur était fort heureusement proportionnée à la férocité de l'animal...

Sans la moindre hésitation apparente, je m'avançai vers le fauve...

Ma vue sembla surexciter l'animal ; je m'arrêtai, prudemment, au bord du demi-cercle qu'avaient tracé ses allées et venues du fond de la niche. Il bondit, mais d'un élan si prodigieux que la boucle du collier céda... J'esquissai un bond en arrière, trop tard ! Les longues pattes agrippèrent mes épaules, je vis briller quatre canines...

D'après Marcel PAGNOL, Le Temps des secrets, Editions de Fallois.

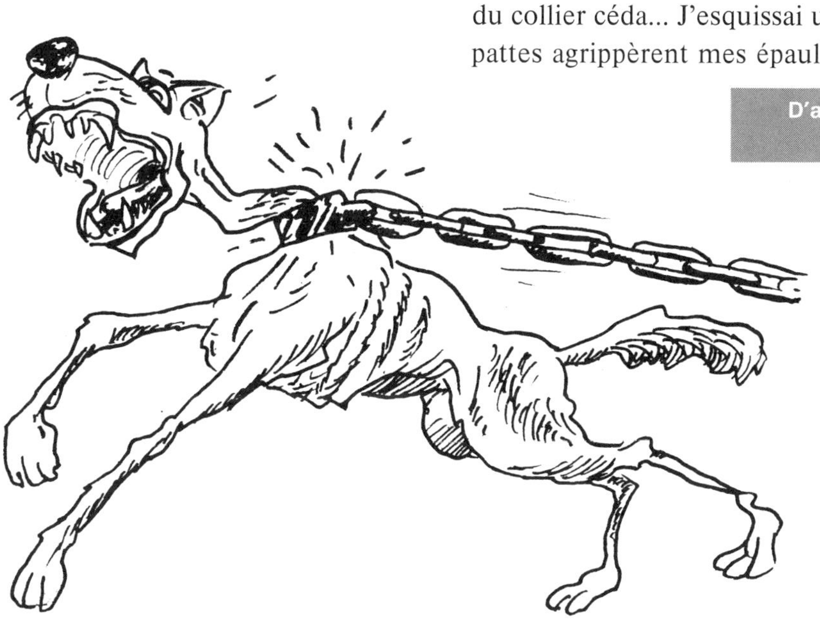

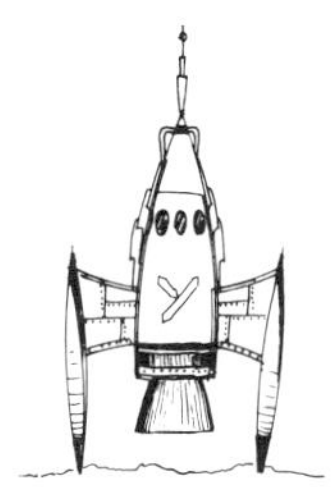

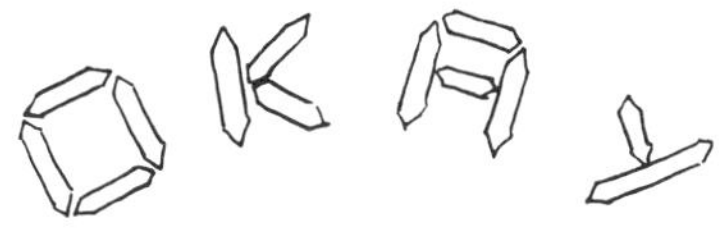

1

En t'aidant des indices et du dessin, imagine le texte manquant, puis raconte l'histoire sur une feuille de copie.

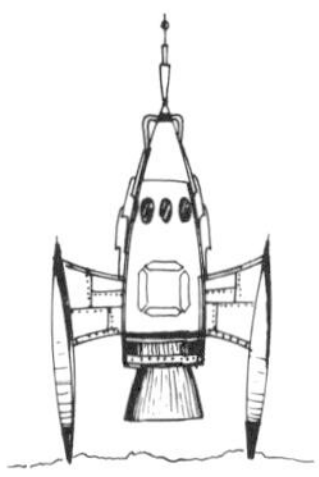

2

A partir d'un des titres, ci-dessous, tu écris librement un ou deux paragraphes.

Titres

a. Le Secret de l'île maudite.

b. Un dangereux pari.

c. Le diamant de Barbe noire.

d. Une araignée appelée à régner.

e. L'enfant qui disait n'importe quoi.

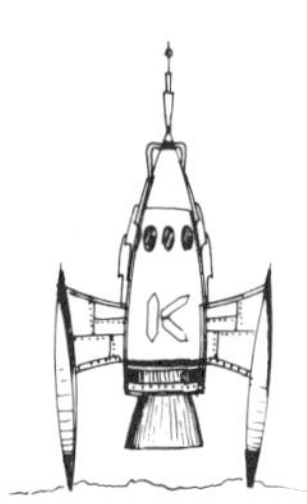

BILAN –

3

Même exercice à partir du titre et de la 1ère phrase d'un livre. Trois situations de départ te sont proposées.

a. Le perroquet qui bégayait (Hitchcock)

« Au secours !... »

La voix qui venait de pousser ce cri était à la fois aiguë et étouffée.

b. L'année du miracle et de la tristesse (L. Borodine)

Cet été, il y a eu vingt-cinq ans que j'ai donné ma parole à la vieille Sarma, et à présent, j'ai un double sujet de satisfaction : premièrement, j'ai tenu parole, au moins la moitié de ces années, et je pense que tous ceux qui en ont fait autant me comprendront ; deuxièmement, je peux enfin raconter ce que j'ai dû garder secret pendant tout ce temps.

c. Le Prince Heureux (O. Wilde)

Au-dessus de la ville, sur une haute colonne, s'élevait la statue du Prince Heureux.

A toi de choisir... **a, b ou c? Ecris environ 15 lignes sur une feuille de copie.**

4

Même exercice à partir de la page quatre de couverture... A toi de choisir celle que tu préfères.

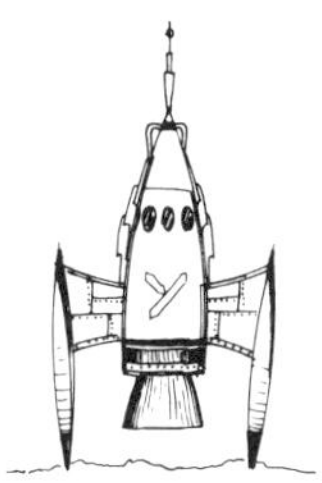

Erich Kästner

DEUX POUR UNE

Louise est furieuse : à la colonie de vacances, voilà une nouvelle qui lui ressemble comme une sœur ! On discute, on sort des photos... Eh bien, c'est fou et pourtant vrai : Lotte et Louise sont sœurs jumelles. En divorçant, leurs parents les ont séparées quand elles étaient bébés. Cela ne peut pas durer ! On va leur jouer un bon tour, à ces parents ! Lotte rentrera chez Papa, à Vienne, à la place de Louise, et Louise ira à Munich, chez Maman. Tout le monde les prendra l'une pour l'autre...

Pour les 9-12 ans

Maurice Druon

TISTOU LES POUCES VERTS

Tistou s'endort toujours en classe. Alors son père, qui est beau, riche et marchand de canons, décide de l'envoyer à l'école de la vie.

Première leçon avec le jardinier Moustache, qui découvre une chose merveilleuse : Tistou a les pouces verts. Les fleurs poussent sous ses doigts !

Avec des roses à l'hôpital, du chèvrefeuille sur la prison, la ville est transformée. Mais que va-t-il arriver si les canons de Monsieur Père disparaissent sous le lierre et les églantines ?

A partir de 9 ans

(A rédiger sur une feuille de copie.)

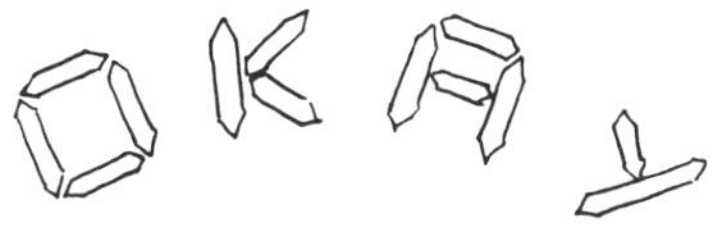

LE CONCORDE (fiche technique)

«Concorde» est un avion supersonique à aile en delta à la gothique et dérive centrale. De ligne générale très effilée et élégante, il est propulsé par quatre réacteurs Rolls Royce-SNECMA «Olympus 593» installés dans deux paires de nacelles accouplées sous les ailes. Son fuselage presque aussi long (62,13 m) que celui des gros porteurs (70,51 m pour le Boeing "747") est cependant beaucoup moins large (2,87 contre 5,80 m).

Air France possède sept appareils (quatre en exploitation) et British Airways sept appareils (six en exploitation).

Caractéristiques techniques et performances :

- Envergure : 25,56 m.
- Longueur : 62,13 m.
- Hauteur : 12,22 m.
- Largeur intérieure de la cabine : 2,63 m.
- Type de moteur : Rolls Royce-SNECMA "Olympus 593".
- Poussée au décollage : 17,4 tonnes × 4.
- Poids maximum au décollage : 185 tonnes.
- Poids maximum à l'atterrissage : 111 tonnes.
- Capacité de carburant : 96 tonnes.
- Consommation de carburant : 22,6 tonnes/h. de vol.
- Rayon d'action (avec masse maximale au décollage et plein complet de carburant) : 6.500 km.
- Vitesse de croisière : 2 200 km/h. (Mach 2,02).
- Altitude croisière : entre 15 000 et 18 000 mètres.
- Longueur de piste (au décollage) : 3 600 mètres (avec poids maximum).
- Longueur de piste (à l'atterrissage) : 2 200 mètres (avec poids maximum).
- Vitesse au décollage : 360 km/h.
- Vitesse à l'atterrissage : 300 km/h.
- Capacité cabine passagers : 100 sièges.
- Volume des soutes : 19,4 m^3.
- Equipage : trois navigants techniques (commandant de bord, officier pilote, officier mécanicien), six navigants commerciaux (trois hôtesses, deux stewards et un chef de cabine, homme ou femme).

Durée de voyage comparée, vol "Concorde" et vol subsonique sur Paris-New York : "Concorde" : 3 h 45, dans chaque sens ; Boeing "747" : 7 h 55, dans le sens Paris-New York ; 7 heures, dans le sens New-York-Paris.

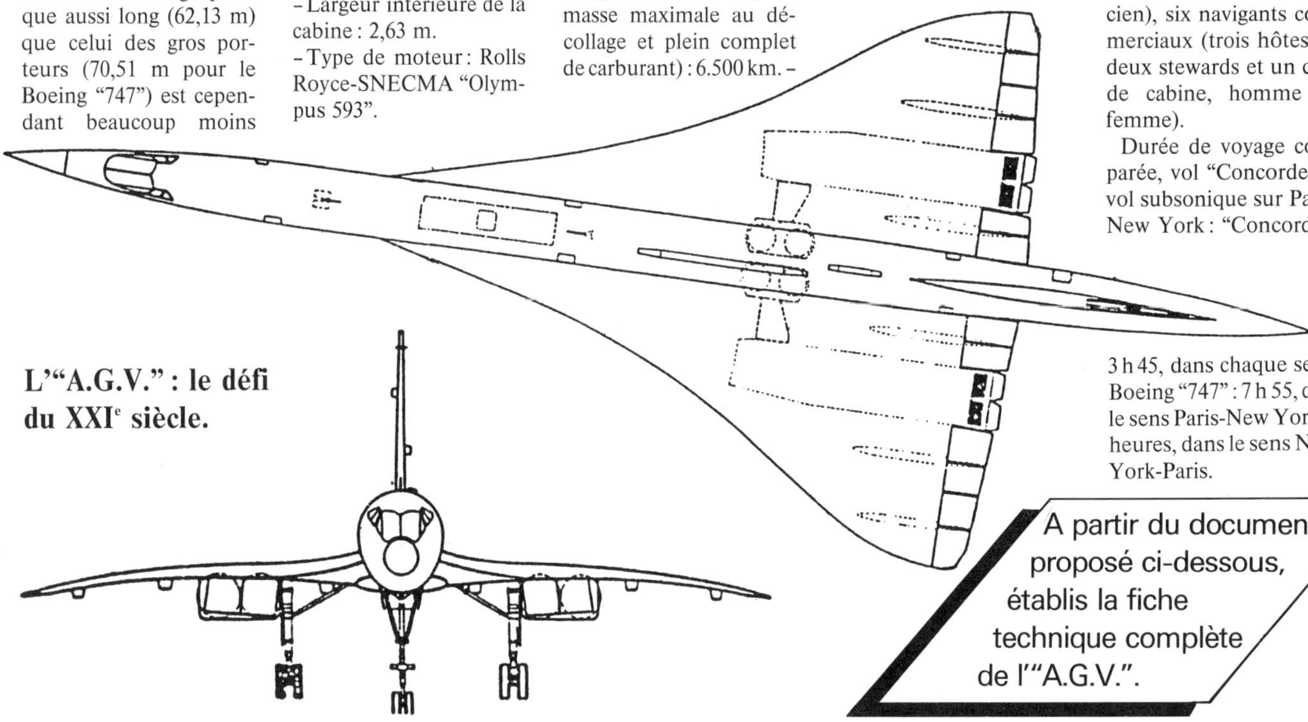

L'"A.G.V." : le défi du XXIe siècle.

A partir du document proposé ci-dessous, établis la fiche technique complète de l'"A.G.V.".

L'avenir à Mach 5

Dans les études sur les supersoniques de demain, Aérospatiale, outre l'"ATSF", "planche" sur l'"AGV" : Avion à grande vitesse, "Mach 4/5" (5 000 km/h.), ce qui mettrait pour cent cinquante passagers, New York à une heure et quelques minutes de Paris. C'est le défi du XXIe siècle, un nouveau chapitre de l'aéronautique.

Contrairement au projet "Orient-Express" américain (vingt-cinq fois la vitesse du son), l'"AGV" reste "classique", c'est-à-dire utilise toujours les pistes actuelles et ne grimpe pas dans le cosmos (50 à 100 kilomètres d'altitude). Il se contente de voler à 30 000 mètres. Pour les ingénieurs de l'Aérospatiale, cet avion de 12 000 km de rayon d'action est crédible techniquement :

"Son architecture dictée par l'aérodynamique, explique Jean-Claude Pilon, du bureau d'études Aérospatiale, est celle d'un avion doté d'une voilure double delta à très forte flèche avec deux dérives en bout d'aile nécessaires pour un bon contrôle en lacet lors des phases de vol à grandes incidences. Le fuselage aplati a une section elliptique qui permet d'obtenir à la fois la meilleure portance, une bonne finesse et un bon raccordement avec la voilure.

"Pour un tel avion, l'efficacité du système propulsif est très fortement dépendante d'une intégration avec la cellule, en plus de l'aérodynamique propre du moteur (entrée d'air, tuyère d'éjection). La recherche d'un rendement d'entrée d'air élevé, nécessaire pour assurer de hautes performances, fait l'objet d'une attention toute particulière des aérodynamiciens en liaison avec les motoristes, et bénéficie de l'expérience "Concorde".

"Les moteurs de 25 tonnes de poussée chacun - 4 ou 6 - seront des combinés turbo-stato (technique déjà explorée par Aérospatiale avec l'avion Griffon en 1959) plaqués sous le fuselage afin de profiter au mieux de l'effet de recompression dû au fuselage qui entraîne une réduction de la taille des entrées d'air par l'effet du Mach local plus faible... ».

Comme carburant, deux possibilités : le méthane liquide à - 180° C, excellent carburant mais qui réclame un gros réservoir - ou le kérosène JP7 - aussi performant mais qui a peu de capacité de refroidissement.

Cet avion hypersonique de 72 mètres de long et 32 m de large occupe déjà une trentaine d'ingénieurs et des heures d'ordinateurs. Naturellement, lui aussi ne se fera qu'au travers d'une forte coopération. Quand peut-il être une réalité ? Vers 2010/2015. Tokyo à trois heures de Paris !

Le texte informatif : comment classer des informations ?
Dossier : À LA CONQUÊTE DU CIEL.

1

PREMIER VOL

60 secondes de bonheur.

Le premier avion (1890)
Quatre heures, quatre minutes, l'Eole roule. Ader, le buste un peu penché à droite pour mieux voir la piste, s'applique à corriger la direction. la vitesse augmente.
Quatre heures, cinq minutes.
Les aides de Clément Ader voient distinctement les roues se détacher du sol et l'Eole parcourir une cinquantaine de mètres en vol rasant, avant de retoucher terre.
Quatre heures, six minutes.
Ader a stoppé sa machine. Il est descendu aussitôt de son siège et reste un instant immobile à côté de son avion, tandis que ses aides accourent. Tous se regardent saisis, le visage pâli, en proie à une indicible émotion. Personne ne peut parler : l'Eole a volé !
Oui, l'Eole a volé. Pour la première fois, un homme, sur un plus lourd que l'air, a réussi à quitter la terre sous la seule impulsion de sa force motrice.
Certes, ce vol a été bref et s'est limité plutôt à un saut qu'à un vol, mais tout de même la preuve est faite : l'homme peut voler.

R. Chambe, Histoire de l'aviation, Flammarion.
Texte cité dans Histoire CM Lachiver, Editions Bordas.

2

PREMIÈRE TRAVERSÉE DE LA MANCHE.

27 minutes et 21 secondes pour un vol historique.

Il y a quatre-vingts ans, Blériot traversait la Manche.

Le vingt-cinq juillet 1909, à 5 h 13, le chronomètre de l'histoire s'arrêtait pour saluer Louis Blériot : l'aviateur français venait de poser son aéroplane à Douvres après avoir survolé la Manche depuis Calais sur 40 kilomètres.

Il fallait être fou pour vouloir voler. Et Blériot l'était sans doute un peu. Passionné d'aéronautique, il se jure de réaliser l'impossible d'alors et d'empocher les 25 000 francs-or qu'offre le "Daily Mail", un journal britannique, au premier homme volant qui franchira la Manche.

Ils sont deux sur le coup, deux Français. Hubert Latham, au grand dam de Blériot, s'embarque le 19 juillet à bord de son monoplan. Mais le moteur de l'"Antoinette" a une défaillance et contraint le pilote à amerrir à quinze kilomètres des côtes. De quoi remettre du baume au cœur de Blériot qui soigne à Paris une cheville cruellement brûlée lors d'un récent atterrissage scabreux.

OÙ EST DOUVRES ?

De peur que Latham ne remette trop vite son "Antoinette" accidentée en état, il décide aussitôt de faire transporter son "Blériot XI" jusqu'à Calais. L'aviateur ne le saura pas avant de s'envoler mais, lors du trajet, un violent orage éclate et l'appareil est endommagé. La pluie, en s'infiltrant dans les joints de bois, a fait jouer le contreplaqué. A l'arrivée, Robert Grandseigne, l'ébéniste qui a assemblé la carlingue, rafistole tant bien que mal la libellule. L'avion est fragilisé, Grandseigne ne peut garantir que l'ensemble tiendra ; il décide de se taire.

Partira ? Partira pas ? Chaque nuit, à 3 h 30, le mécanicien Anzani se précipite dans la chambre d'hôtel de Blériot. L'aviateur souffre toujours de sa cheville et n'adhère pas du tout à l'enthousiasme de son mécanicien. Il envisage même de reporter l'opération au lendemain, mais finit par se lever.

Le réglement de l'épreuve est formel : le décollage doit avoir lieu après le lever du jour. Il faut passer le temps. Blériot fait un essai. Grandseigne, unique détenteur du terrible secret, est follement inquiet. Le monoplan, après un vol d'une dizaine de minutes, s'immobilise heureusement sans encombre. Tout est donc prêt pour vaincre la Manche.

4 h 35. Le soleil s'est levé. Le départ est donné. "Mais où est donc Douvres ?" interroge Blériot avant de décoller. Des mains tendues vers la mer lui indiquent la route. Confiant, il s'envole. A 60 km/h, il sème rapidement l'"Escopette", le navire d'escorte. Dix minutes plus tard, il aperçoit au loin une ligne grise. La victoire ne peut lui échapper. A son arrivée, il déclarera d'ailleurs : "Jamais je n'ai douté de la réussite. Pour éviter que le moteur ne s'échauffe, je le graissais fréquemment et abondamment. Trop d'huile l'a fait à deux ou trois reprises faiblir et comme je sentais aussitôt mon appareil baisser et se rapprocher de la mer, je cessais immédiatement la manœuvre. L'appréhension de l'échec s'en allait aussitôt que l'appareil remontait".

Sans repère tout au long de sa route, Blériot ne réalise pas que l'appareil dérive vers l'est. Il scrute désespérément la côte anglaise sans réussir à apercevoir Douvres. Devant lui se dresse une série de falaises que l'avion ne peut franchir. Moment de panique : que va-t-il faire si le réservoir d'essence est à sec ? Si l'avion tombe à l'eau, il ne sait pas nager...

Au loin, il aperçoit deux petits bateaux. Ils descendent vers le sud. Blériot suppose qu'ils se dirigent vers Douvres et décide de les suivre. Il cherche la faille. Soudain, une échancrure apparaît. Il faut faire vite. Le vent secoue fortement l'avion et le réservoir d'essence est pratiquement épuisé. Tout à coup, sur la gauche, un homme agite un drapeau tricolore. Il s'agit de Charles Fontaine, un journaliste qui lui avait promis de lui indiquer une zone d'atterrissage. Blériot coupe les gaz. L'appareil chute. Une violente rafale le plaque au sol. Bilan : une roue cassée et l'hélice brisée. Il est 5 h 12. le vol a précisément duré 27 minutes 21 secondes. Blériot vient d'entrer dans l'histoire : l'Angleterre a cessé d'être une île.

Rêveur, Winston Churchill félicite le risque-tout français : "J'ignore si ce que vous avez réussi est bon ou mauvais pour mon pays, mais c'est un exploit admirable".

Sophie Latil, Le Figaro du 26 juillet 1989, n° 13 969.

3

CONCORDE... DÉJÀ 20 ANS !

2 mars 1969, 15 h 38 : le 001 décolle.
Deux jours d'attente pour 23 secondes de suspense

La journée avait pourtant commencé comme les deux précédentes : aussi désespérément brumeuse. De la salle de presse aménagée au premier étage de l'aéroport Toulouse-Blagnac, ou de la "fermette" qui abritait photographes et cameramen en bout de piste, c'est à peine si l'on distinguait, immobile, presque irréelle, la silhouette de squale du "Concorde", veillée par une armée de gendarmes. Derrière les viseurs de caméras et les appareils de photos braqués en permanence, les yeux finissaient pas se fatiguer. Cet étrange oiseau depuis deux jours, se refusait à s'élancer vers un ciel aussi sale.

Badgés comme à Cap Kennedy, passablement nerveux à force d'inactivité, des centaines de journalistes venus du monde entier attendaient l'événement. On échangeait des impressions dans toutes les langues sur cet avion-prodige qui allait ouvrir l'ère du voyage à "Mach 2". René Mauriès, rédacteur en chef à "La Dépêche", lui trouvait pour l'instant, avec son nez obstinément pointé vers le sol, "une mine de Shadock contrit picorant son impatience", comme il l'écrira le lendemain dans son éditorial.

Après deux fausses alertes, la matinée s'écoula comme les autres. Le brouillard se fit plus léger, mais comme la veille, l'Autan s'en mêla pour rendre le décollage toujours aussi problématique. Et puis le vent faiblit. Et tout se précipita...

A 15 h 15, le silence de ce tranquille dimanche de mars était brusquement déchiré par un long rugissement de fauve. Vingt-trois minutes plus tard, le "Concorde" s'ébranlait dans le fracas de ses quatre réacteurs "Olympus". Les cœurs battaient alors très fort. Vingt-trois secondes de course rageuse et tendue, comme un athlète s'élançant pour le saut, et voilà "001" en l'air sous les applaudissements enthousiastes. Car le spectacle était impressionnant dans ce ciel redevenu enfin bleu. Tellement beau qu'un peu plus tard, l'arbitre du match de football Solomiac-Miremont, près d'Auch, n'hésitait pas à interrompre la partie quelques minutes pour permettre aux joueurs et aux spectateurs d'admirer cette nouvelle conquête du ciel !

Vingt-sept minutes plus tard, le "Concorde" était de retour. On se pressait pour en voir descendre les héros du jour : André Turcat, Jacques Guignard, Henri Perrier, Michel Rétif. "La machine vole bien" commentera simplement le chef pilote, avec une sobriété toute britannique. Huit mois plus tard, la "machine" fougueuse franchira le mur du son. Le pari technologique était gagné. Les difficultés commençaient...

Y.M., La Dépêche du Midi, 2 mars 89.

André Turcat interrogeait le ciel et la météo. "Le vent était particulièrement gênant. Il n'était pas question de prendre le moindre risque en décollant vers la ville. Car nous avions des moteurs très jeunes qui n'avaient que soixante-quinze heures de vol."

Dimanche à midi, profitant d'une accalmie, l'équipage s'installe aux commandes et s'apprête à décoller.

Mais au cours de la "check-list", une alarme moteur s'allume. "J'étais convaincu qu'il s'agissait d'une fausse alarme, mais il ne fallait pas prendre les choses à la légère", raconte le chef pilote. Et c'était effectivement une fausse alarme. Des compagnons sont venus à bord pour réparer. Leurs mains tremblaient d'émotion et j'ai dû les calmer !"

Mais André Turcat n'était pas au bout de ses soucis. Voilà qu'à la mise en route des moteurs, deux heures plus tard, un des trois groupes de conditionnement d'air tombe en panne. "Il en restait deux en service et j'ai décidé de décoller quand même", explique-t-il. Quelques minutes après le décollage, un deuxième groupe accusait à son tour une défaillance. Alors la température se mit à grimper dans la cabine ce qui contraint l'équipage à abréger le vol.

"Il faisait un peu chaud dans l'avion. Pour nous, ce n'était pas bien grave, mais pour l'électronique, si !"

Supplément au numéro de "La Dépêche du Midi", daté du 2 mars 1989 (n° 14 777)

Classe les différentes informations fournies dans les textes 1, 2 et 3 en utilisant le tableau suivant. Si impossible, mettre une croix dans la case correspondante.

<table>
<tr><th colspan="2">Recherches d'informations</th><th>texte 1</th><th>texte 2</th><th>texte 3</th></tr>
<tr><td colspan="2">Sujet de l'article :</td><td></td><td></td><td></td></tr>
<tr><td colspan="2">Nom des avions :</td><td></td><td></td><td></td></tr>
<tr><td colspan="2">Type d'avions :</td><td></td><td></td><td></td></tr>
<tr><td colspan="2">Nom du ou des pilotes :</td><td></td><td></td><td></td></tr>
<tr><td colspan="2">Date de l'exploit :</td><td></td><td></td><td></td></tr>
<tr><td colspan="2">Nature de l'exploit :</td><td></td><td></td><td></td></tr>
<tr><td colspan="2">Heure du décollage :</td><td></td><td></td><td></td></tr>
<tr><td colspan="2">Durée du vol :</td><td></td><td></td><td></td></tr>
<tr><td colspan="2">Distance parcourue :</td><td></td><td></td><td></td></tr>
<tr><td rowspan="3">Les problèmes d'ordre technique</td><td>avant le départ :</td><td></td><td></td><td></td></tr>
<tr><td>en cours de vol :</td><td></td><td></td><td></td></tr>
<tr><td>à l'atterrissage :</td><td></td><td></td><td></td></tr>
<tr><td colspan="2">Le détail insolite :</td><td></td><td></td><td></td></tr>
<tr><td colspan="2">La formule finale :</td><td></td><td></td><td></td></tr>
<tr><td colspan="2">Autres entrées possibles :
____
__________</td><td></td><td></td><td></td></tr>
</table>

1. VOTRE RÉGION OU UNE RÉGION FRANÇAISE AU CHOIX (y compris, bien sûr les D.O.M.-T.O.M.).

A. Recherches documentaires.

- Par groupes.
- Sous forme de fiches.

Cartes et itinéraires touristiques.

Les paysages. L'agriculture. L'économie.

L'histoire de la région.

Le tourisme. Curiosités et particularismes.

Les grands projets, etc.

OÙ S'INFORMER ?...

- A la B.C.D. de votre école.
- Dans les bibliothèques municipales.
- En consultant divers guides (bleus, Michelin...).
- En écrivant à différents syndicats d'initiative de la région choisie.

B. Imaginez et réalisez un dépliant touristique sur la région choisie.

C. Jeu de rôle. Vous avez 14 ou 15 ans, vous partez à mobylette avec plusieurs camarades découvrir votre région.

Au retour, vous écrivez, sous la forme qui vous convient, le récit de votre aventure.

(Exercice à faire sur feuille.)

2. LE NAUFRAGE.

A. Sous forme d'ateliers de lecture, la classe lit un des nombreux romans écrits sur ce thème, notamment :

Vendredi ou la vie sauvage de Michel Tournier, Folio-junior, Gallimard.

B. Par groupes, vous imaginez à votre tour, le plan d'un récit de quelques pages (6 à 10) sur le thème du naufrage.

C. Vous vous documentez sur les lieux du naufrage et la terre ou la planète d'asile...

D. Vous rédigez votre récit en utilisant habilement les données de vos recherches documentaires.

(Sur feuille.)

3. HISTOIRE D'UNE VIE...

Vous choisissez un grand navigateur, un grand explorateur et après une documentation sérieuse, vous écrivez l'histoire de sa vie en plusieurs épisodes.
(Vous donnerez un titre à chacun des épisodes.)

(Sur feuille.)

Décembre 1848. Le président des Etats-Unis vient de confirmer la nouvelle : il y a de l'or, beaucoup d'or en Californie !... Aussitôt les rêves les plus fous enflamment les esprits...

1. RECHERCHES DOCUMENTAIRES.

- Par groupes.
- Sous forme de fiches techniques.

1. Dresser la carte des principaux itinéraires pour rejoindre la Californie à partir des ports de la côte est des Etats-Unis :

a) par terre.

b) par mer.

2. Petite histoire de la Californie du XVIe siècle jusqu'en 1850.

3. Monographie : les compagnies de chercheurs d'or.

4. Descriptions et images de San Francisco en 1849.

5. La recherche de l'or : les principaux gisements, les équipements, les outils du chercheur d'or, sa technique.

6. Les conditions de vie d'un chercheur d'or. Les grands projets, etc.

QUELQUES LIVRES

- **La ruée vers l'or en Californie vers 1850, P. Restellini, Monde en poche, Nathan.**
- **La cité fantôme, dans la série des Lucky Luke.**
- **L'Or, Blaise Cendrars, Gallimard.**

2. Dans le saloon, un samedi soir... On parle du travail, de ses rêves et de ses déceptions... Du voyage... De la famille laissée en Europe, en Afrique ou ailleurs...

1. Vous réalisez collectivement un texte de départ.

2. Par groupes, vous rédigez ensuite soit l'histoire d'un personnage que vous présentez rapidement, soit un dialogue entre deux ou plusieurs chercheurs d'or.

3. Collectivement, vous cherchez un enchaînement logique des textes proposés (vous faites les modifications nécessaires pour que l'ensemble s'articule avec naturel).

4. Collectivement toujours, vous imaginez une conclusion pour le récit de cette soirée au saloon.

5. Prolongement : animation de votre récit.

   Dans un décor de saloon, vous interprétez votre texte. Vous pouvez ajouter quelques intermèdes musicaux.

   Et si vous jouiez devant d'autres classes ? Pourquoi pas ?

1

A partir des lettres suivantes, trouve 5 mots de 7 lettres qui répondent aux définitions données.

A	C	A	H	E	N	G	E	R

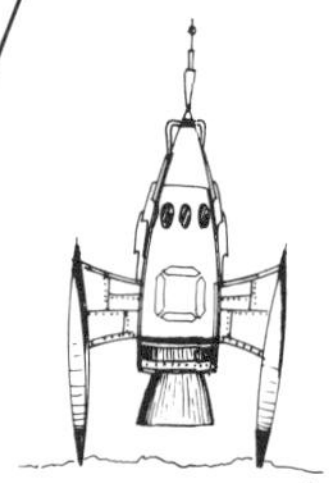

1. Mettre dans un certain ordre. ______

2. Obstiné. ______

3. Renouveler. ______

4. Massacre. ______

5. Fonction de gérant. ______

(réponses p. 52)

2

Peux-tu retrouver sept synonymes de *renouveler ?* (Le dictionnaire est autorisé après dix minutes de recherche.)

R	.	N	O	.	.	R

.	R	.	.	S	F	.	R	.	.	R

.	E	.	.	T	.	R

R	.	.	A	.	.	E

R	E	.	.	M	.	E	.	.	E	.

R	.	G	E	.	E	.	.	R

R	.	I	T	.	.	.	.

(réponses p. 52)

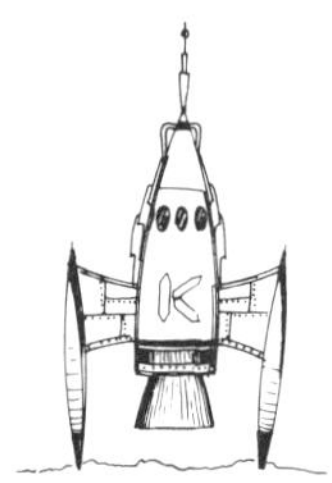

3

Horizontalement et verticalement, de gauche à droite, de haut en bas, ou en diagonale, se cachent dix animaux... Peux-tu les retrouver ?

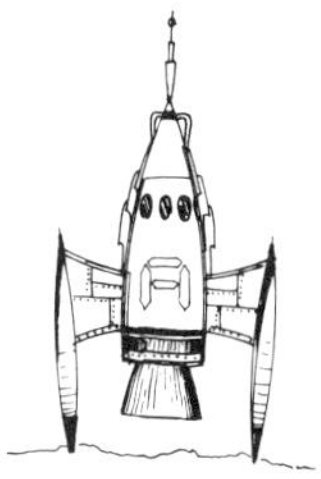

	I	II	III	IV	V	VI	VII	VIII	IX	X
1	S	M	C	H	A	T	O	S	E	P
2	L	O	U	P	R	M	M	R	O	H
3	H	P	U	L	T	Z	V	E	Q	L
4	V	W	O	R	G	E	E	N	L	I
5	T	H	U	R	I	R	V	A	O	O
6	A	B	A	L	G	S	C	R	I	N
7	P	O	P	I	J	O	N	D	R	D
8	I	T	T	C	H	E	V	A	L	S
9	R	T	V	H	A	M	O	N	Q	B

(réponses p. 52).

4

Les proverbes chiffrés.
Es-tu capable de déchiffrer celui-ci ?

18. 9. 5. 14. | 14. 5. | 19. 5. 18. 20. | 4. 5.

3. 15. 21. 18. 9. 18. | 9. 12. | 6. 1. 21. 20.

16. 1. 18. 20. 9. 18. | 1. | 16. 15. 9. 14. 20.

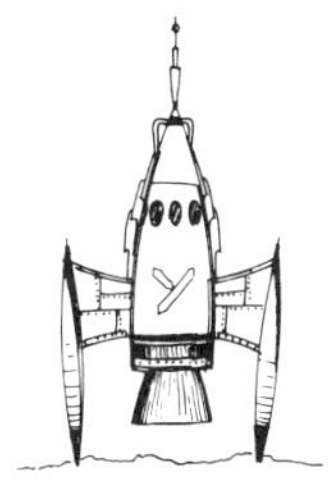

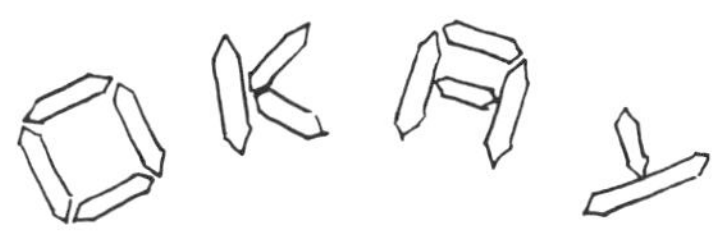

5

Les mots cachés.

a. Avec les lettres du dessin, constitue trois mots.

b. En changeant une seule lettre, trouve à chaque fois, un mot nouveau. **Exemple :** page → cage → sage → etc.

signe → ________________

c. En ajoutant une seule lettre, forme à chaque fois, un mot nouveau. **Exemple :** rayon → crayon.
Cime, rue, camp, raie, coin, ton.

cime → ________________

rue → ________________

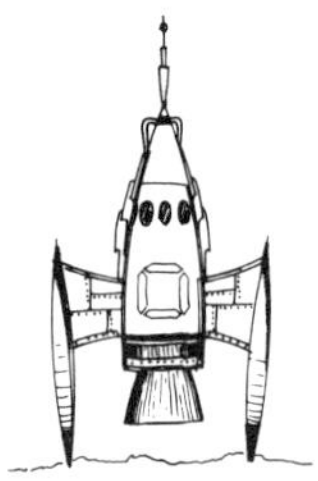

6

Le jeu des définitions.

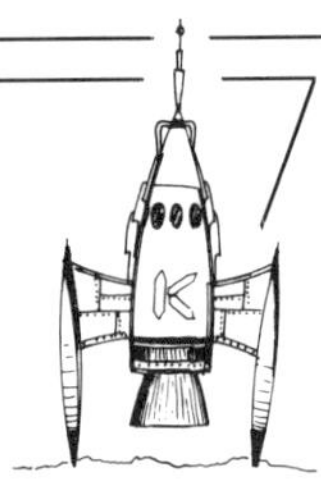

1. Le souci est une idée triste qui presse la tête au réveil et y reste accrochée toute la journée. **(Maurice Druon)**

2. La liberté est une hirondelle qui vole à la recherche du printemps. **(Un élève de CM2)**

3. A ton tour, propose une définition :

a) La liberté est ________________

b) La colère est ________________

c) La peur est ________________

7

Avec l'aide d'un dictionnaire, propose des définitions pour la grille suivante.

	1	2	3	4	5	6	7	8	9
I	C	O	N	V	O	I	T	E	R
II	O	C	A	R	I	N	A	■	■
III	R	■	T	A	S	■	O	B	A
IV	P	O	U	C	E	S	■	E	I
V	U	■	R	■	L	A	S	E	R
VI	L	■	E	P	E	L	A	■	E
VII	E	C	L	A	T	A	N	T	■
VIII	N	U	L	■	S	I	T	U	E
IX	T	I	E	N	■	T	E	T	U

Horizontalement :

I. ______

II. ______

III. ______

IV. ______

V. ______

VI. ______

VII. ______

VIII. ______

IX. ______

Verticalement :

1. ______
2. ______
3. ______
4. ______
5. ______
6. ______
7. ______
8. ______
9. ______

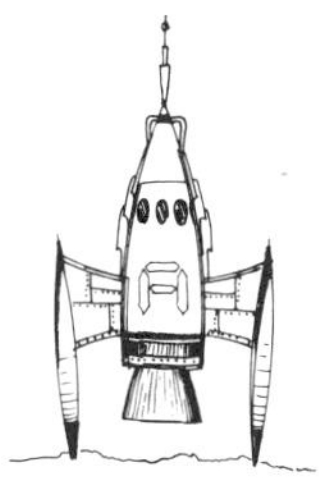

8 Un exercice fou, fou, fou...

1. Lis ce texte.

2. A ton tour, tu joues sur la répétition d'un nom.

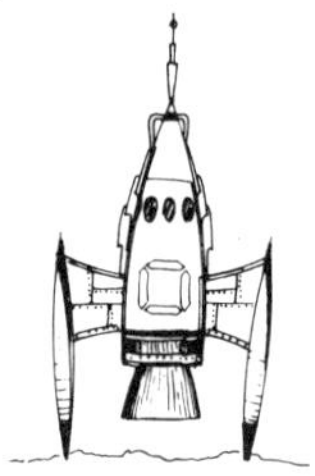

Monsieur Père fabriquait des canons très demandés, des canons de tous calibres, des gros, des petits, des longs, des canons de poche, des canons montés sur roues, des canons pour trains, pour avions, pour tanks, pour bateaux, des canons pour tirer par-dessus les nuages, des canons pour tirer sous l'eau, et même une variété de canons extra-légers faits pour être portés à dos de mulets ou de chameaux dans les pays où les gens laissent pousser trop de cailloux et où les routes n'arrivent pas à passer.
En un mot, Monsieur Père était marchand de canons.

Maurice DRUON, Tistou les pouces verts, L.G.F.

Monsieur ____________ fabriquait des ____________

____

____

____

____

____

____

____

En un mot, Monsieur ____________ était marchand de ____________ .

Réponses aux jeux [1], [2] **et** [3] **pages 48-49.**

[1] AGENCER
ACHARNÉ
CHANGER
CARNAGE
GÉRANCE

[2] RÉNOVER
TRANSFORMER
RÉPÉTER
REFAIRE
RECOMMENCER
RÉGÉNÉRER
RÉITÉRER

[3] Horizontalement : CHAT
LOUP
CHEVAL
Verticalement : TAPIR
RENARD
LOIR
LION
Diagonalement : SOURIS
LIÈVRE
TIGRE

9 — Être... Avoir...

Lis le poème. En jouant sur la répétition ÊTRE et AVOIR, crée un texte poétique.

Être un cheval tout neuf. ______
Être un soleil qui crie ______
sa vérité au vent. ______
Être un maïs qui germe ______
plus de fois que la fille ______
allongée dans la rue. ______
Être un arbre exilé ______
qui s'invente un royaume. ______
Avoir un océan. ______
Avoir une presqu'île ______
qui danse comme un feu. ______
Avoir sa capitale ______
au coin de chaque bois. ______
Avoir une aube prête ______
à sauter sur la nuit. ______
Avoir la peau en or (...) ______

(Alain BOSQUET, Un poète, Gallimard.)

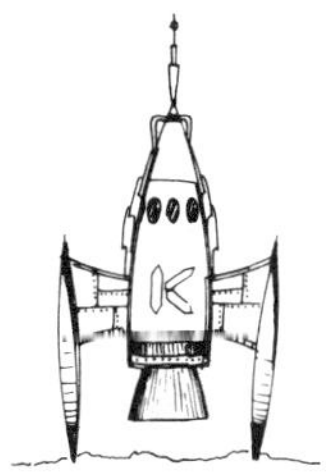

10 — Il y a...

Reprise d'une structure grammaticale. Il y a...

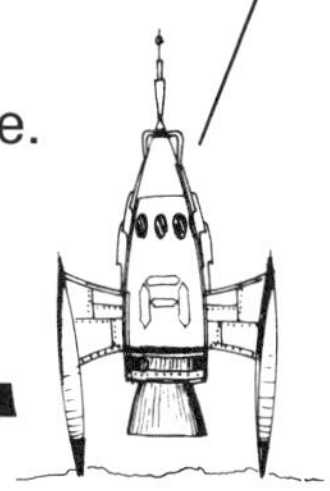

Il y a des petits ponts épatants
Il y a mon cœur qui bat pour toi
Il y a une femme triste sur la route
Il y a un beau petit cottage dans un jardin
Il y a six soldats qui s'amusent comme des fous
Il y a mes yeux qui cherchent ton image
Il y a un petit bois charmant sur la colline (...)

(APOLLINAIRE, Poèmes à Lou, Gallimard.)

______ ______
______ ______
______ ______
______ ______

1

Complète les blancs en employant des mots commençant par la lettre P.

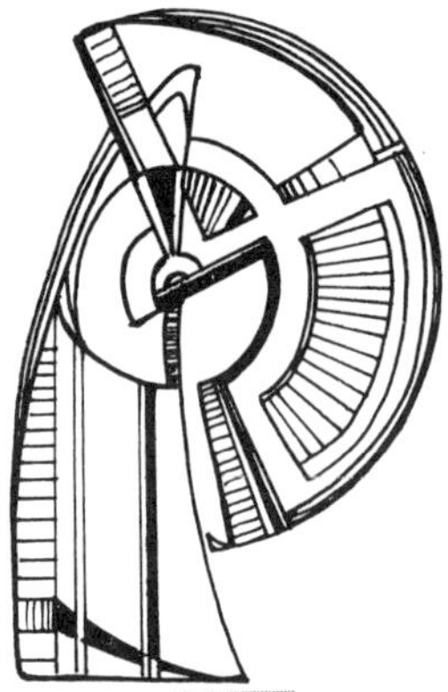

A l'aube, on ne voyait d'abord qu'un grand oiseau. Il se tenait dans une ________________ immobilité, sur un ________________ banc de vase, à cinquante mètres de la barque. Son bec ________________ menaçait l'eau. Le jabot en avant et haut sur ________________, solennellement il ________________. C'était un héron gris.

D'après Henri BOSCO, L'enfant et la rivière, Gallimard.

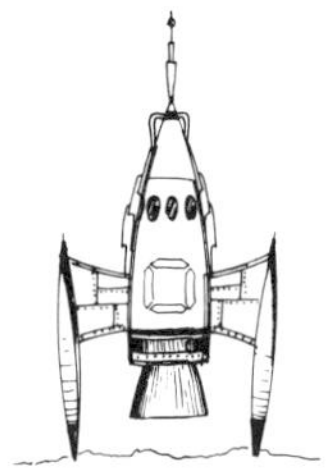

2

Comme Henri Bosco, tu décris en quelques lignes un animal en train de chasser. Emploie 5 mots commençant par la lettre C.

____

____

____

____

____

____

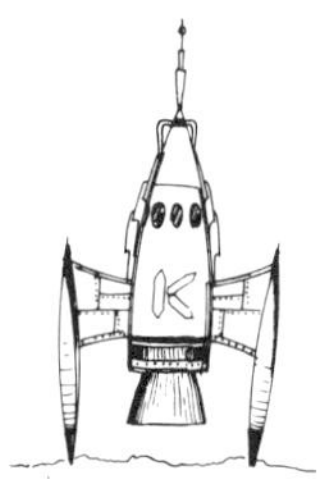

LETTRE-DÉPART/MOT-

3

A partir de la phrase de K. Lorenz, continue librement.

Et le désastre arriva : les deux chiens se trouvèrent face à face, le poil hérissé et les crocs menaçants. ______

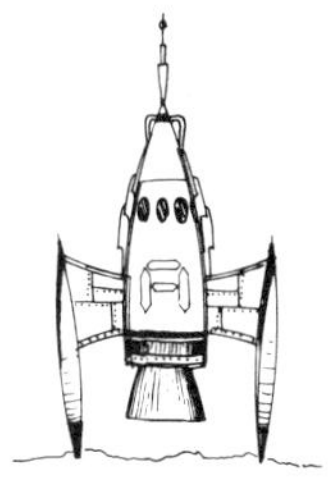

4

A partir de la phrase-départ, imagine une suite possible.

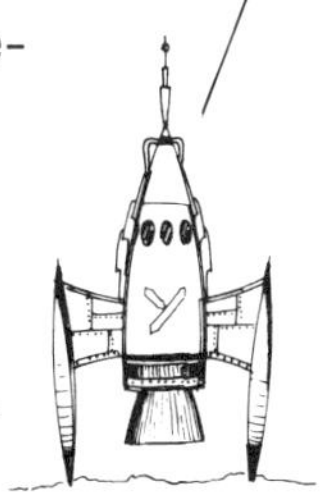

(Elisabeth découvre, avec horreur, sur le mur blanc de sa chambre, une énorme araignée noire...)
Accroupie sur ses huit membres pliés, elle était prête à trotter, à ______

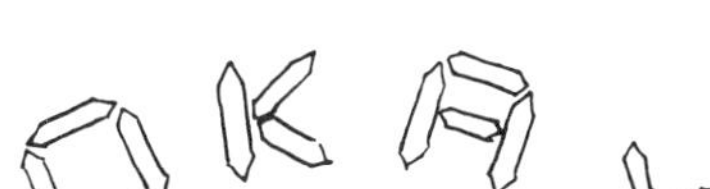

1

Les rats ont mangé des verbes du texte. Complète-le de la meilleure façon possible.

Chasse à la grenouille

L'enfant arriva tout près de l'eau. Une petite grenouille verte __________ sur ses pieds. Il __________ de la prendre. Elle lui __________. Il la poursuivit et la __________ trois fois de suite. Enfin, il la __________ par l'extrémité de ses pattes et se __________ à rire en voyant les efforts que __________ la bête pour __________. Elle se ramassait sur ses grandes jambes, puis, d'une brusque détente, les __________ subitement.

Guy de MAUPASSANT, cité dans les annales Vuibert, CM2/6e.

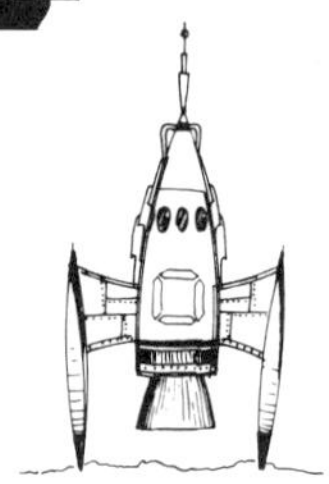

2

Même exercice.

Une dure enfance

Mes parents travaillaient dehors. On __________ ma sœur à l'école maternelle... Moi, je restais à la maison pour soigner Didi, mon petit frère... J'__________ beaucoup d'ouvrage pour mes huit ans... J'__________ le poêle, je __________ Didi et le changeais, je lui __________ à manger ; je __________ la vaisselle et __________ les deux chambres... Ce plancher de bois blanc, ce poêle de fonte noire, j'y __________ mes mains de fillette. Je me rappelle encore la peine qu'ils m'ont donnée, les larmes que j'ai __________ dessus.

D'après VAN DER MEERSCH, Le péché du monde, Annales Vuibert, CM2/6e.

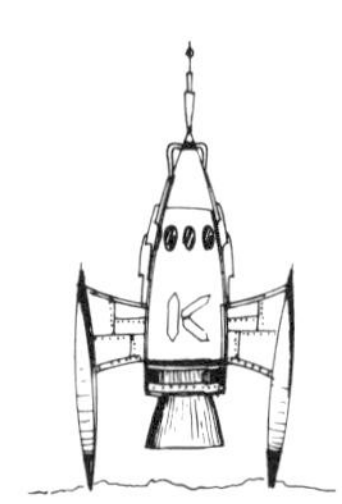

L T XTE M GÉ

3

Les escargots

Ce texte a été rongé par les rats. Il faut le compléter du mieux possible.

J'aime ________ coup les __________ . Je m'amuse ________ temps avec celui que je trouve avant de le m________ dans mon __________ à salade. Je le fais marcher sur mon b________ nu. J'ap________ tout ________ cement mes lèvres de ses c________ qui rentrent bien ________ , pour ressortir ________ tôt, agiles et fines. Par ________ j'en prends un pour le mettre sur le m________ et, le lendemain, je suis avec un ________ gt la tra______ argentée pour savoir quel ch________ il a fait pendant la ________ .

D'après Jean FRANCK, *Une vie d'enfant*, Annales Vuibert, CM2/6e.

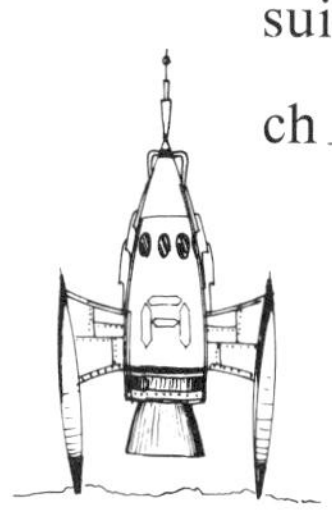

4

La grande « toilette » du jeudi

Cette histoire a un début et une fin. Il manque une partie, celle du milieu, mangée par les rats. A toi de la "repriser".

Le jeudi était un jour de grande toilette, et ma mère prenait ces choses-là très au sérieux. Je commençai donc par m'habiller des pieds à la tête, puis ______________________________

____

____

____

____

______ et c'est ainsi que je terminais, dans le délai prescrit, ma toilette, sans avoir touché une seule goutte d'eau.

D'après Marcel PAGNOL, *La gloire de mon père*.

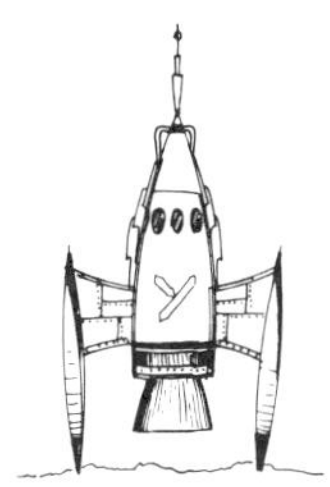

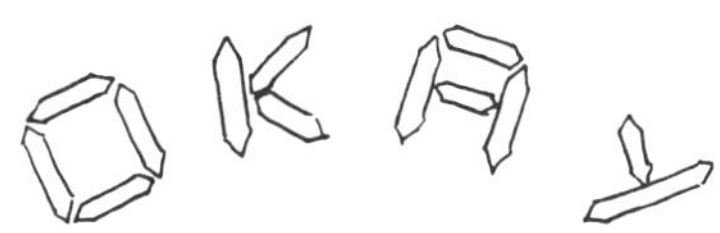

1
La Dépêche du Midi n° 14782
du 7 mars 1989

2
La Dépêche du Midi n° 14788
du 13 mars 1989

3
La Dépêche du Midi n° 14770
du 23 février 1989

4
La Dépêche du Midi n° 14778
du 3 mars 1989

5
La Dépêche du Midi n° 14905
du 10 juillet 1989

6
La Dépêche du Midi n° 14774
du 27 février 1989

1. Tu lances une fois le dé. Le nombre de points t'indique le numéro de la vignette qui te servira de support pour écrire une petite histoire.

2. Tu lances le dé une seconde fois. Le nombre de points trouvé te renvoie à la consigne correspondante. Fais alors ce qui est demandé.

Consigne 1 : Tu racontes en quelques lignes l'histoire proposée par la vignette en utilisant les mots suivants : main - décider - prudent. Souligne-les.

Consigne 2 : Tu racontes en quelques lignes l'histoire proposée par la vignette en intégrant la phrase suivante : « Or, ce jour-là, Ferdinand n'était pas allé au bureau. »

Consigne 3 : Tu écris un paragraphe qui raconte la suite de l'histoire.

Consigne 4 : Tu fais le portait de Ferdinand.

Consigne 5 : Tu racontes en quelques lignes l'histoire proposée par la vignette. Une de tes phrases comportera 6 mots. Souligne-la.

Consigne 6 : Tu racontes en quelques lignes ce qui a dû se passer avant l'histoire proposée par la vignette.

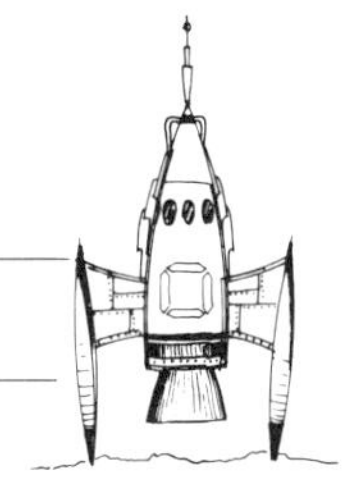

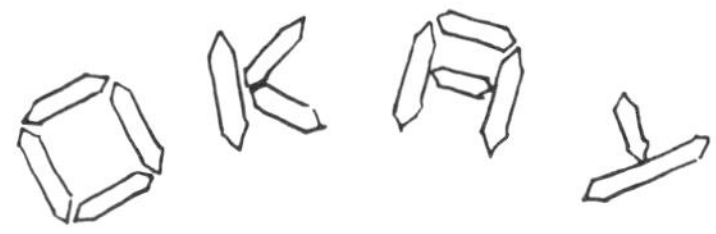

1

Qui a fait le coup ?

Complète le dialogue en t'appuyant sur le contexte.

– Allez donc savoir ! On ne le connaît pas. On ne sait pas ce qui se passe dans la tête de cet homme-là !

– ______________________________

– Je ne sais pas.
– C'est peut-être une femme...
– Possible.

– ______________________________

– Une bande ? Ça me surprendrait. Pour moi, c'est quelqu'un qui agit seul. Mais quel intérêt a-t-il ? Ça, je ne peux pas le dire...

– ______________________________

– ______________________________

– ______________________________

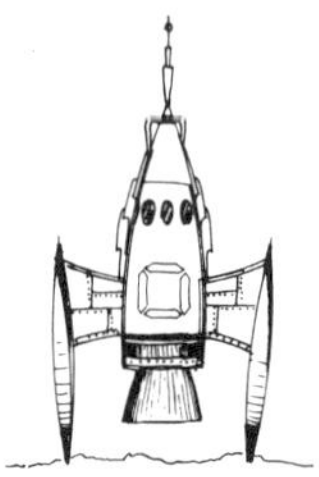

– On n'en prend pas le chemin. Pour le découvrir, il faudrait des gardes et des rondes à tous les moments...
– Je me demande à quoi ça lui sert de mettre le feu !

– ______________________________

– Pour moi, ce n'est pas un fou. Il est trop malin. Il va et il vient sans laisser de traces.

D'après P. GAMARRA, Cinq colonnes à la une, R. Laffont

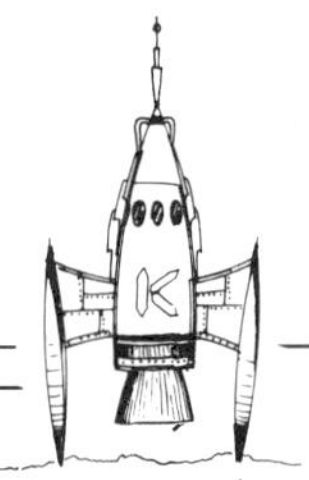

2

Jeu de rôle

Lis le texte. Tu es médecin et, à ton tour tu donnes aux amis de Fabrice et d'Hélène tes quatre raisons de ne pas fumer.

Hélène, comme toi, je suis contre le tabac. A mon avis, ceux qui fument le font pour frimer, et je ne vois pas du tout ce que ça leur apporte. Je suis d'accord d'interdire de fumer en public, pour moins inciter les gens à fumer.

Si ça peut te faire plaisir, Hélène, moi, je ne fume pas, pour quatre raisons. La première : je veux faire du vélo. La deuxième : ça coûte cher. La troisième : je veux protéger ma santé. La quatrième : je ne sais pas ce que ça rapporte.

Dossier OKAPI n° 421, Juin 89.

____

____

____

____

____

____

3

Le mouton et le loup

A toi de continuer ce dialogue !

Un grand loup vigoureux avisa dans un pré un magnifique mouton bien gras et se tapit derrière un buisson avec la ferme intention de lui bondir dessus et de le croquer. Mais quelle ne fut pas sa surprise lorsqu'il vit le mouton s'avancer tranquillement vers lui et déclarer :
« Je t'ai vu et je connais ton intention.
– Ah ! fit le loup.
– Oui, oui, ne fais pas l'imbécile. Tu as l'intention de me manger. Oui ou non ?
– Oui, c'est exact ! dit le loup interloqué. On ne peut rien te cacher.
– Eh bien, mon vieux, vas-y ! ricana le mouton.
– Je peux y aller ? Tu ne bêleras pas ?
– Moi ? Point du tout. »
Le loup retroussa ses babines, découvrit ses crocs énormes et s'avança en bavant.
« Oh ! à propos, lui dit le mouton, j'oubliais de te prévenir d'une petite chose.
– Ah oui ? Et laquelle ?
– Si tu me manges, tu mourras trois jours après moi.
– Et pourquoi ?
– Parce que ______________________________

____

____

____

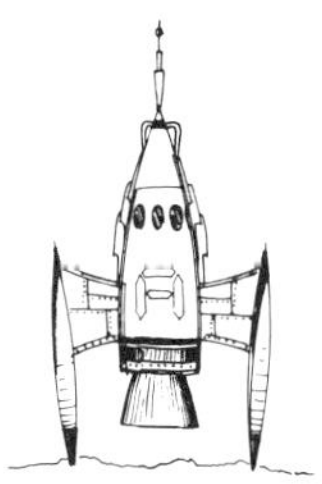

D'après Jean CAU, Les enfants, cité dans les Annales Vuibert CM2/6e.

4

A partir du mot **monstrueux,** tu écris une histoire d'une dizaine de lignes.

____

____

____

____

____

____

____

____

____

____

____

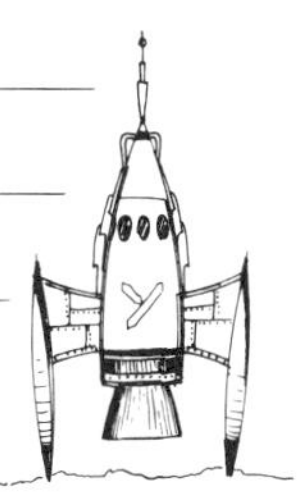

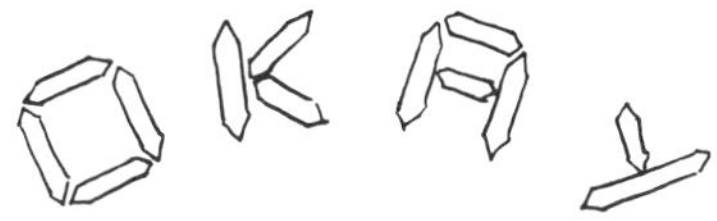

LE BESTIAIRE

1. Individuellement ou par groupes, vous choisissez :
- l'animal que vous préférez

ou
- celui qui vous effraie ou vous repousse le plus.

2. Vous préparez une fiche technique illustrée sur cet animal. Vous vous attachez particulièrement à son mode de vie et à ses comportements.

3. Par ailleurs, vous rassemblez quelques textes littéraires et quelques poèmes sur cet animal (4/5 maximum).

4. En vers ou en prose, vous écrivez un texte personnel sur cet animal.

5. Tous les travaux de la classe seront présentés pour constituer un panneau d'exposition.

DE LA CLASSE

BILAN

Colorie en rouge les exercices réussis.

Pages				
4 - 5				
6 - 7				
8 - 9				
10 - 11				
12 - 13				
14 - 15				
16 - 17				
18 - 19				
20 - 21				

Pages				
22 - 23				
24 - 25				
26 - 27				
28 - 29				
30 - 31				
32 - 33				
34 - 35				
36 - 37				
38 - 39				

Pages				
48 - 49				
50 - 51				
52 - 53				
54 - 55				
56 - 57				
58 - 59				
60 - 61				

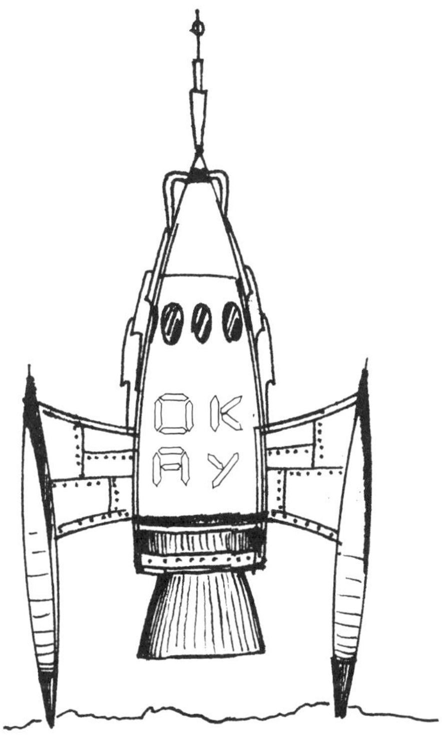

☐ Si tu as colorié entre 80 et 95 rectangles, tu colories la fusée en rouge et les 4 lettres de OKAY. La fusée a aluni.

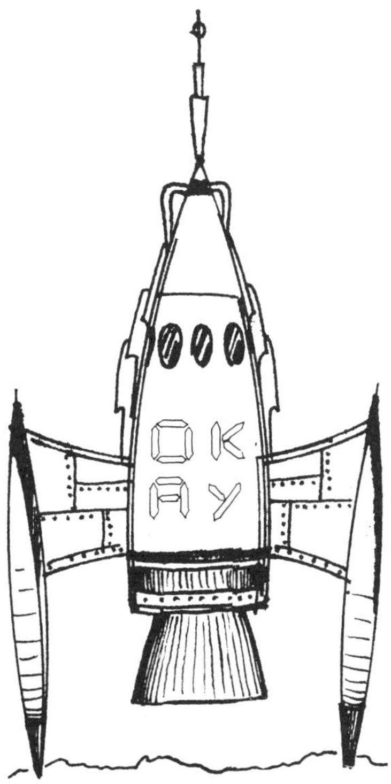

☐ Si tu as colorié entre 40 et 79 rectangles, tu colories la fusée en rouge. Continue de travailler et tu conduiras toi aussi la fusée sur la lune.

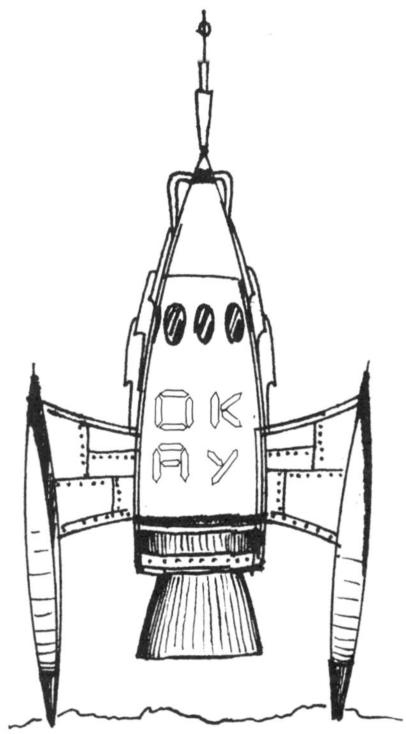

☐ Sinon, ne te décourage pas. Tu réussiras mieux la prochaine fois. Le deuxième lancement de la fusée sera peut-être réussi.

SOMMAIRE

Réalisation : Béatrice GALLO.
Composition et mise en page directe : Christiane BONVALLET et Odile GALATEAU.
Photograveur : S.C.C.M.
Dessinateur : Olivier JULLIEN.

Impression I.M.E. - 25110 Baume-les-Dames - Dépôt légal : Juillet 1996 - N° éditeur : 96/177